Tettinger (Hrsg.) · Subventionierung des Sports

Recht und Sport

Herausgegeben von Dr. Thomas Bach, Prof. Dr. Joachim Burmeister, Prof. Dr. Erwin Deutsch, Prof. Dr. Wolfgang Grunsky, Dr. Christian Krähe, Prof. Dr. Bernhard Pfister, Dr. Eike Reschke, Prof. Dr. Hartmut Riehle, Erika Scheffen, Prof. Dr. Wolfgang Schild, Alfred Sengle, Prof. Dr. Udo Steiner

---

Band 6 Subventionierung des Sports
Herausgegeben von Prof. Dr. Peter J. Tettinger

Subventionierung des Sports

Herausgegeben von
Peter J. Tettinger

Mit Beiträgen von
Gerd Finger, Karl Schmidt,
Peter J. Tettinger und Christoph Trzaskalik

C.F. Müller Juristischer Verlag
Heidelberg 1987

CIP-Kurztitelaufnahme der Deutschen Bibliothek

Subventionierung des Sports / Hrsg. von Peter J. Tettinger. Mit Beitr. von Gerd Finger ... – Heidelberg : Müller, Juristischer Verl., 1987.
  (Recht und Sport ; Bd. 6)
  ISBN 3-8114-5986-4
NE: Tettinger, Peter J. [Hrsg.]; Finger, Gerd [Mitverf.]; GT

© 1987 C. F. Müller Juristischer Verlag GmbH, Heidelberg
Satz: Lichtsatz Michael Glaese GmbH, 6944 Hemsbach
Druck: Gulde-Druck, 7400 Tübingen
ISBN 3-8114-5986-4

Vorwort

Die Frühjahrstagung 1986 des „Konstanzer Arbeitskreises für Sportrecht e. V." am 6. und 7. Juni 1986 in Wangen (Allgäu) stand unter dem Rahmenthema „Subventionierung des Sports". Dabei wurde in vier Referaten mit sich jeweils anschließender lebhafter Diskussion unter bewährter Leitung von Dr. Christian Krähe erstmals der Versuch unternommen, diesen vielschichtigen und für die Leistungskraft des bundesdeutschen Sportwesens hochbedeutsamen Fragenkreis unter rechtlichen Aspekten zu beleuchten. Darlegungen aus der Sicht der um Förderung bemühten Sportvereine und aus der Perspektive der staatlichen Sportförderung schlossen sich verfassungs- und verwaltungsrechtliche sowie steuerrechtliche Betrachtungen an. Es ist zu hoffen, daß durch diese Beiträge Anstöße für die weitere Befassung mit einer rechtlich und tatsächlich interessanten Thematik vermittelt werden konnten.

Bochum, im Januar 1987 *Peter J. Tettinger*

Inhalt

Vorwort V

Rechtsanwalt Gerd Finger, Duisburg
Die Finanzierung eines Sportvereins in der Praxis 1

Ministerialdirigent Karl Schmidt, Mainz
Voraussetzung und Formen staatlicher Sportförderung 17

Professor Dr. Peter J. Tettinger, Bochum
Rechtsprobleme der Subventionierung des Sports 33

Professor Dr. Christoph Trzaskalik, Mainz
Die Steuer – Instrument der Sportförderung? 55

Die Autoren 63

Die Finanzierung eines Sportvereins in der Praxis

Von Gerd Finger

I. Die Finanzierung des Vereins in steuerlicher Sicht

Da auch der gemeinnützige Verein, um den es hier geht, mit all seinen Einnahmen und Ausgaben an die Steuergesetze gebunden ist, für einen Teil seiner Einnahmebereiche steuerpflichtig – insbesondere umsatz- und körperschaftssteuerpflichtig – ist und vielfach Vereine zumindest pauschal regelmäßig durch das Finanzamt überprüft werden, scheint es sinnvoll, zu Beginn nochmals auf die steuerlich unterschiedlich zu behandelnden Einnahmebereiche hinzuweisen, dies auch schon deswegen, weil viele Vereinsvorstände aufgrund der großen Unsicherheit in der steuerlichen Handhabe die Möglichkeit der Einnahmeerzielung aus zwar steuerlich zulässigen, allerdings steuerpflichtigen Bereichen vermeiden.

Bei einem gemeinnützigen Verein – und damit auch bei einem gemeinnützigen Sportverein – sind aufgrund der zwingenden Vorschriften der Abgabenordnung die Einnahmen und Ausgaben in folgende Bereiche aufzuteilen und in den Aufzeichnungen bzw. in der Buchhaltung strikt zu trennen:

1. Einnahmen und Ausgaben im ideellen Bereich, in dem völlige Körperschaftssteuerfreiheit herrscht und nur ein bestimmter Bereich umsatzsteuerpflichtig ist.
2. Einnahme und Ausgaben im Bereich der Zweckbetriebe mit einem steuerlich zulässigen Gesamtgewinn von 12 000,- DM im Durchschnitt von drei Jahren sowie Umsatzsteuerpflicht mit dem hälftigen Umsatzsteuersatz, es sei denn, es besteht Umsatzsteuerfreiheit nach dem Umsatzsteuergesetz.
3. Einnahmen und Ausgaben im Bereich der wirtschaftlichen Geschäftsbetriebe mit grundsätzlicher Besteuerung nach Körperschafts- und Umsatzsteuergesetz wie bei jedem normalen Gewerbebetrieb.

Zu 1:

Die steuerfreien ideellen Erträge setzen sich zusammen aus

– Mitgliederbeiträgen, Umlagen und Aufnahmegebühren bis zu den steuerlich zulässigen Größenordnungen von 1000,- DM pro Jahr und Mitglied bzw. 1500,- DM pro Aufnahme
– Zuschüssen von Bund, Land, Gemeinden, Dachverbänden, wie z. B. Landessportbünde, Fachverbände, Stadt- und Kreissportbünde

- Spenden, Schenkungen, Erbschaften und Vermächtnissen
- Vermögensverwaltung, wie z. B. Einkünfte aus Kapitalvermögen und Beteiligung an Kapitalgesellschaften sowie langfristiger Vermietung und Verpachtung von Grundvermögen und sonstigen Vermögenswerten.

Zu 2:

Bestimmte wirtschaftliche Aktivitäten werden dem steuerlich begünstigten Zweckbetrieb zugeordnet, wenn diese Aktivitäten der Verwirklichung des steuerbegünstigten Satzungszwecks dienen und der Verein dadurch nicht mehr als für den Zweck nötig zu Wirtschaftsunternehmen in Wettbewerb tritt. Also solche Zweckbetriebe sind in der Abgabenordnung beispielhaft aufgeführt:

2.1 Einnahmen aus sportlichen Veranstaltungen, soweit vom Verein keine bezahlten Sportler eingesetzt werden. (Ab 1. 1. 1986 ist – entgegen der bisherigen Rechtslage – der Einsatz bezahlter Sportler zulässig, ohne daß der Verein die Gemeinnützigkeit verliert[1].)

---

[1] Vgl. § 67a und § 68 Nr. 7a, b AO i. d. F. des Steuerbereinigungsgesetzes 1986 vom 19. 12. 1985 (BGBl. I S. 2437):

Steuerbereinigungsgesetz 1986
Nachfolgend veröffentlichen wir die im Steuerbereinigungsgesetz 1986 am 19. 12. 1985 vom Deutschen Bundestag beschlossenen Änderungen der Abgabenordnung (Bundesgesetzblatt I 1985, Seite 2437 und 2437).
2. *Nach § 67 wird folgender § 67a eingefügt:*
„§ 67a
Sportliche Veranstaltungen
Sportliche Veranstaltungen eines Sportvereins, der keine Fußballveranstaltungen unter Einsatz seiner Lizenzspieler nach dem Bundesligastatut des Deutschen Fuballbundes e. V. durchführt, sind ein Zweckbetrieb, wenn
1. kein Sportler des Vereins teilnimmt, der für seine sportliche Betätigung oder für die Benutzung seiner Person, seines Namens, seines Bildes oder seiner sportlichen Betätigung zu Werbezwecken von dem Verein oder einem Dritten über eine Aufwandsentschädigung hinaus Vergütungen oder andere Vorteile erhält und
2. kein anderer Sportler teilnimmt, der für die Teilnahme an der Veranstaltung von dem Verein oder einem Dritten im Zusammenwirken mit dem Verein über eine Aufwandsentschädigung hinaus Vergütungen oder andere Vorteile erhält.
Andere sportliche Veranstaltungen sind ein steuerpflichtiger wirtschaftlicher Geschäftsbetrieb. Dieser schließt die Steuervergünstigung nicht aus, wenn die Vergütungen oder anderen Vorteile ausschließlich aus diesem wirtschaftlichen Geschäftsbetrieb oder von Dritten geleistet werden."
§ 68
Einzelne Zweckbetriebe:
Als Zweckbetriebe kommen insbesondere in Betracht:
7. a) kulturelle Einrichtungen, wie Museen, Theater, und kulturelle Veranstaltungen, wie Konzerte, Kunstausstellungen,
b) gesellige Veranstaltungen einer steuerbegünstigten Körperschaft, wenn der Überschuß der Einnahmen über die Unkosten aus den zu Buchstaben a und b genannten wirtschaftlichen Geschäftsbetrieben im Durchschnitt der letzten drei Jahre einschließlich des Veranlagungsjahres nicht mehr als insgesamt 12 000 Deutsche Mark

Einnahmen aus sportlichen Veranstaltungen sind insbesondere
- Startgelder
- Meldegebühren
- Eintrittsgelder
- Verkauf von Abzeichen und Programmen anläßlich der sportlichen Veranstaltung.

Außerdem sind dem Bereich der sportlichen Veranstaltung zugordnet der Sportunterricht – Kurse und Lehrgänge – gegen Entgelt für Mitglieder und Nichtmitglieder sowie die Durchführung von Sportreisen gegen Entgelt, wenn die sportliche Betätigung wesentlicher und notwendiger Bestandteil ist.

2.2 Als Zweckbetrieb wird weiter angesehen der Bereich der Einnahmen aus geselligen Veranstaltungen, wie z. B. Tanzveranstaltungen, Karnevalsfeiern, Vereinsfeste, Weihnachtsfeste usw., sofern der Zutritt nur den Vereinsmitgliedern und einem kleinen, eingegrenzten Kreis geladener Gäste möglich ist.

2.3 Letztlich gehört die Durchführung von kulturellen Veranstaltungen, wie z. B. Konzerte, Theateraufführungen usw., zum Bereich der steuerbegünstigten Zweckbetriebe.

Zu 3:

Alle anderen Einnahmen, die weder im ideellen Bereich noch beim Zweckbetrieb des Vereins anfallen, werden als wirtschaftlicher Geschäftsbetrieb in vollem Umfang der Steuerpflicht unterworfen.

Hierzu gehören insbesondere:
- sportliche Veranstaltungen mit Einsatz bezahlter Sportler (zulässig ab 1. 1. 1986 ohne Verlust der Gemeinnützigkeit)
- gesellige und kulturelle Veranstaltungen mit einem höheren Gewinn als 12 000,– DM im Durchschnitt der letzten drei Jahre
- gesellige Veranstaltungen mit unbegrenztem Zutritt für Nichtmitglieder
- Vereinsgaststätten, Erfrischungshalle usw., soweit sie vom Verein selbst betrieben werden, auch dann, wenn der Verkauf nur an Mitglieder erfolgt

---

je Jahr beträgt und nur für die steuerbegünstigten satzungsmäßigen Zwecke der Körperschaft verwendet wird. Bei den unter Buchstaben a genannten kulturellen Einrichtungen und Veranstaltungen gilt dies mit der Maßgabe, daß bei der Ermittlung des Überschusses die gesamten Unkosten zu berücksichtigen sind, die der Körperschaft durch die Erfüllung ihrer steuerbegünstigten Zwecke erwachsen. Die Überschreitung der Grenze von 12 000 Deutsche Mark ist unschädlich, wenn der Überschuß einer zulässigen Rücklage (§ 58 Nr. 6) zugeführt und innerhalb von drei Jahren für die steuerbegünstigten satzungsmäßigen Zwecke der Körperschaft verwendet wird.

- Verkauf von Sportartikeln
- Werbung in eigener Regie
- Inseratwerbung in eigener Regie.

Im folgenden wird auf das Muster einer Überschußermittlung für einen gemeinnützigen Sportverein [2] hingewiesen, die nach der o. a. Dreiteilung gegliedert ist:

---

[2] Mit freundlicher Genehmigung des Verlages entnommen aus: Schriftenreihe zum Deutschen Sporthandbuch, Deutscher Fachschriften-Verlag Band 2, Ulrich Kroecker, Roland Multrus, Steuerpraxis im Verein 2. Auflage 1982.

**Muster
einer Überschußermittlung**

1. Steuerfreier Bereich:
   - **A Einnahmen**
     - a) aus ideellem Bereich
       - Mitgliederbeiträge .... DM
       - Spenden .... DM
       - Zuschüsse .... DM
       - Schenkungen .... DM
     - b) aus Vermögensverwaltung
       - Zinseinnahmen .... DM
       - Dividenden .... DM
       - Miet- und Pachteinnahmen .... DM .... DM
   - **B Ausgaben**
     - allgemeine Verwaltungskosten .... DM
     - Ausgaben für Trainer, Übungsleiter, Organisationsleiter usw. .... DM
     - Ausgaben für vermietete Häuser und Grundstücke .... DM
     - Steuern, Gebühren und Abgaben und Ausgaben für die Vermögensverwaltung (Telefon, Porti usw.) .... DM
     - Abschreibungen – verteilt auf die Nutzungsdauer – aller Wirtschaftsgüter .... DM
     - Ausgaben für alle Wirtschaftsgüter von nicht mehr als 800 DM netto (ohne Umsatzsteuer) (zum Beispiel Sportgeräte usw.) .... DM .... DM
   - **C Steuerfreier Reinertrag** .... DM
2. Zweckbetriebe:
   - wirtschaftliche Geschäftsbetriebe –
   - **A Einnahmen (Bruttoerträge)**
     aus sportlichen Veranstaltungen
     - Startgelder .... DM
     - Teilnehmergebühren .... DM
     - Meldegebühren .... DM
     - Eintrittsgelder .... DM
     - Verkauf von Abzeichen und Programmen .... DM
     - Sportkurse .... DM
     - Ablösesummen .... DM
     - kurzfristige Vermietung von Sportanlagen an Mitglieder .... DM .... DM

Bei der bereits o. a. Schwierigkeit, die der meist ehrenamtlich für den Verein tätige Funktionsträger mit der Erstellung dieser Überschußermittlung hat, ist zusätzlich darauf hinzuweisen, daß steuerliche Probleme nicht nur im Zusammenhang mit der richtigen Zuordnung der Einnahmen – beispielsweise zur Vermögensverwaltung oder zum Zweckbetrieb „gesellige Veranstaltung" – ent-

B Ausgaben
   a) alle Ausgaben, die mit den Veranstaltungen A zusammenhängen
- Reisekosten zur Veranstaltung .... DM
- Versicherungen .... DM
- Schiedsrichterkosten .... DM
- Ordner, Kassierer .... DM
- Sportgroschen .... DM
- sonstige Abgaben und Ausgaben .... DM
- abziehbare Vorsteuerbeträge .... DM
- Mehrwertsteuerzahlungen an das Finanzamt usw. .... DM .... DM

   b) alle Ausgaben, die im gemeinnützigen Bereich des Vereins angefallen sind
- Raum- und Energiekosten .... DM
- Versicherungen .... DM
- Löhne und Gehälter .... DM
- Übungsleiter und Trainer .... DM
- Ausgaben für Sportgeräte (eventuell nur im Wege der Abschreibung) .... DM
- allgemeine Verwaltungskosten usw. (siehe auch Punkt 1 B) .... DM .... DM

Überschuß/Verlust .... DM

C Einnahmen (Bruttoeinnahmen)
aus geselligen Veranstaltungen
- Eintrittsgelder .... DM
- Verkauf von Abzeichen und Programmen .... DM
- Verkauf von Speisen und Getränken (nicht in der vereinseigenen Gaststätte) .... DM .... DM

D Ausgaben
alle Ausgaben, die mit den Veranstaltungen C im Zusammenhang stehen:
- Raum- und Energiekosten .... DM
- Löhne/Aushilfslöhne .... DM
- Kosten der Musikkapelle .... DM
- Werbung, Steuern und Gebühren .... DM
- Speisen und Getränke, Vorsteuern .... DM
- Mehrwertsteuerzahlungen, sonstige Kosten .... DM .... DM

Überschuß/Verlust .... DM

3. Steuerpflichtige wirtschaftliche Geschäftsbetriebe (Zusammenfassung einzelner Geschäftsbetriebe

   A Einnahmen (Bruttoeinnahmen)
- Einnahmen Gaststätten .... DM
- Einnahmen Werbung .... DM
- Zinsgutschriften von Bankguthaben der wirtschaftlichen Geschäftsbetriebe .... DM

stehen, sondern darüber hinaus und insbesondere die Zuordnung mit den jeweils anfallenden Ausgaben selbst für Fachleute schwierig ist, da diese Ausgaben häufig für alle drei Bereiche anfallen und anteilmäßig aufzuteilen sind.

II. Die Finanzierung des Vereins als Eigenfinanzierung und Fremdfinanzierung

Neben der oben dargestellten, aus steuerlichen Gründen erforderlichen Dreiteilung der Einnahmen und Ausgaben eines gemeinnützigen Sportvereins ist eine Unterteilung der Finanzierung in Eigenfinanzierung und Fremdfinanzierung notwendig, da erst diese Unterteilung gegenüber den politischen Entscheidungsträgern von Bund, Land und Gemeinden zur Gewährung bzw. Erhöhung bestimmter Zuschüsse für die Dachorganisationen des Sports Argumentationshilfen bietet.

Der Deutsche Sportbund und die Landessportbünde – als Dachorganisationen des Sports auf Bundes- bzw. Landesebene – verweisen immer wieder in aller Deutlichkeit auf die umfassende Aufgabenstellung, die sich der Sport in der Bundesrepublik Deutschland gestellt hat und mit deren Erfüllung er den Staat in erheblichem Umfang von eigenen Aufgaben entlastet.

Im Sport – und insbesondere im einzelnen Sportverein – werden nämlich neben dem Sport in Wettkampfform oder als Freizeitsport in großem Umfang

- sonstige Erlöse (Verkauf von Anlagegütern und ähnliches) .... DM
- Sportliche Veranstaltung bez. Sport .... DM

B Ausgaben
- Waren .... DM
- Personalkosten, zum Beispiel Küchenpersonal, Bedienung .... DM
- Raum- und Energiekosten .... DM
- Steuern (Gewerbesteuer, Vermögenssteuer, Körperschaftsteuer) .... DM
- Fahrzeugkosten .... DM
- Büromaterial, Porto, Telefon .... DM
- Bankkosten .... DM
- abziehbare Vorsteuerbeträge .... DM
- Mehrwertsteuerzahlungen an das Finanzamt .... DM
- Reparaturen und Ersatzteile .... DM
- Abschreibung auf Gebäude .... DM
- Abschreibung auf Ausstattung .... DM
- geringwertige Wirtschaftsgüter (unter 800 DM) .... DM .... DM
- Sportliche Veranstaltung bez. Sport .... DM .... DM

C Gewinn aus allen wirtschaftlichen Geschäftsbetrieben .... DM

Um die zu zahlende Körperschaftsteuer zu errechnen, sind diesem Gewinn die Ausgaben für Körperschaftsteuer und Vermögensteuer hinzuzurechnen. Die Körperschaftsteuer beträgt 50%.

Aufgaben erfüllt, die den Sozialbereich betreffen, den Bereich der Jugendpflege, der Gesundheit, der Integration bestimmter Randgruppen, wie Ausländer und Arbeitslose, der Rehabilitation von Krebs- und Herzkranken. Diese Aufgaben werden z. T. aus eigenen Einnahmen des Vereins realisiert, z. T. sind jedoch Zuschüsse der öffentlichen Hand unentbehrlich.

In diesem Zusammenhang ist unter Fremdfinanzierung des Vereins der gesamte Bereich der öffentlichen Zuschüsse von Bund, Land und Kommune zu verstehen.

Gleichfalls müssen dem Bereich der Fremdfinanzierung die Zuschüsse der Landessportbünde, der Kreis- und Stadtsportbünde und der einzelnen Fachverbände zugeordnet werden.

Der gesamte übrige Einnahmebereich ist dem Bereich der Eigenfinanzierung zuzuordnen, da hier der Verein durch eigene Aktivitäten bzw. unter Ausnutzung seiner Vermögensmasse Einnahmen erhält.

Der wesentliche Unterschied zwischen Fremd- und Eigenfinanzierung besteht darin, daß die Fremdfinanzierungen grundsätzlich in zweckgebundenen Zuschüssen bestehen, der Zuschußgeber also eine bestimmte Verwendung der Mittel vorschreibt und sich diese Verwendung auch nachweisen läßt, der Verein bei der Verwendung seiner Mittel aus Eigenfinanzierung grundsätzlich frei im Rahmen seiner Satzung ist.

III. Die Anteile der verschiedenen Finanzierungen in Abhängigkeit von Vereinstyp und Vereinsgröße

Interessant und für die unter II. aufgeführte Argumentation gegenüber den politischen Entscheidungsträgern von großer Bedeutung ist die Aufteilung der Finanzierung des Vereins im Einzelfall.

Um das entsprechende Datenmaterial erhalten und verarbeiten zu können, erhebt der Deutsche Sportbund in regelmäßigen Abständen bei den Sportvereinen der Bundesrepublik Deutschland eine Umfrage mit entsprechenden Abfragen − die Finanz- und Strukturanalyse, kurz FISAS genannt. Die letzte Finanz- und Strukturanalyse wurde 1983 durchgeführt. Auf eine umfangreiche Auswertung wurde jedoch verzichtet, da keine nennenswerte Abweichung zur Umfrage aus dem Jahre 1981 zu erkennen war.

Im folgenden werden daher die Einzelergebnisse der FISAS 1981 aufgeführt:

Bei der Auswertung wurden die Vereine in folgende Gruppen eingeteilt:

1. Kleinvereine (bis 300 Mitglieder)
1.1 Kleinvereine einspartig ohne Spezialsportart
1.2 Kleinvereine einspartig mit Spezialsportart
1.3 Kleinvereine mehrspartig

2. Mittelvereine (300–1000 Mitglieder)
2.1 Mittelvereine einspartig ohne Spezialsportart
2.2 Mittelvereine einspartig mit Spezialsportart
2.3 Mittelvereine mehrspartig
3. Großvereine (1000 Mitglieder und mehr)
3.1 Großvereine ehrenamtlich geführt
3.2 Großvereine hauptamtlich geführt.

Aus den zu 1.1 bis 3.2 beigefügten Tabellen, entnommen aus der Schrift des Deutschen Sportbundes „Der Verein heute", 1982, Band 1 bis 3, ist zunächst für alle Gruppen die Grobunterteilung Eigenfinanzierung/Fremdfinanzierung erkennbar.

Zu 1.1

Die Einnahmen des Kleinvereins einspartig (ohne Spezialsport)

		DM	Prozent
1.	Eigenfinanzierung:		
1.1	Beiträge	2656,–	31,8
1.2	Spenden	811,–	9,7
1.3	Einnahmen aus Sportveranstaltungen	1346,–	10,1
1.4	Einnahmen aus geselligen Veranstaltungen	1136,–	13,6
1.5	Einnahmen aus Werbung und Sonstiges (Miete, Pachten)	981,–	11,8
	Summe Eigenfinanzierung:	6932,–	83,0
2.	Fremdfinanzierung:		
2.1	Zuschüsse der Landessportbunde, Kreis- und Fachverbände	461,–	5,5
2.2	Zuschüsse des Bundes und der Länder	297,–	3,6
2.3	Zuschüsse der Kreise, Städte und Gemeinden	655,–	7,0
	Summe Fremdfinanzierung:	1413,–	17,0
	Summe Einnahmen:	8345,–	

Zu 1.2

Die Einnahmen des Kleinvereins einspartig (mit Spezialsportart)

		DM	Prozent
1.	Eigenfinanzierung:		
1.1	Beiträge	16 090,–	54,2
1.2	Spenden	2 412,–	8,1
1.3	Einnahmen aus Sportveranstaltungen	2 569,–	8,7
1.4	Einnahmen aus geselligen Veranstaltungen	605,–	2,0
1.5	Einnahmen aus Werbung und Sonstiges (Mieten, Pachten)	3 770,–	12,7
	Summe Eigenfinanzierung	25 446,–	85,7
2.	Fremdfinanzierung:		
2.1	Zuschüsse der Landessportbünde, Kreis- und Fachverbände	1 461,–	4,9
2.2	Zuschüsse des Bundes und der Länder	1 040,–	3,5
2.3	Zuschüsse der Kreise, Städte und Gemeinden	1 741,–	5,9
	Summe Fremdfinanzierung:	4 242,–	14,3
	Summe Einnahmen:	29 688,–	

Zu 1.3

Die Einnahmen des mehrspartigen Kleinvereins

		DM	Prozent
1.	Eigenfinanzierung:		
1.1	Beiträge	5 224,–	31,9
1.2	Spenden	1 463,–	8,9
1.3	Einnahmen aus Sportveranstaltungen	2 350,–	14,4
1.4	Einnahmen aus geselligen Veranstaltungen	2 107,–	12,9
1.5	Einnahmen aus Werbung und Sonstiges (Mieten, Pachten)	2 407,–	14,7
	Summe Eigenfinanzierung:	13 551,–	82,8
2.	Fremdfinanzierung:		
2.1	Zuschüsse der Landessportbünde, Kreis- und Fachverbände	1 071,–	6,6
2.2	Zuschüsse des Bundes und der Länder	529,–	3,2
2.3	Zuschüsse der Kreise, Städte und Gemeinden	1 208,–	7,4
	Summe Fremdfinanzierung:	2 808,–	17,2
	Summe Einnahmen:	16 359,–	

Zu 2.1
Die Einnahmen des einspartigen Mittelvereins ohne Spezialsportart

		DM	Prozent
1.	Eigenfinanzierung:		
1.1	Beiträge	11 358,–	33,8
1.2	Spenden	3 980,–	11,8
1.3	Einnahmen aus Sportveranstaltungen	5 656,–	16,8
1.4	Einnahmen aus geselligen Veranstaltungen	3 275,–	9,8
1.5	Einnahmen aus Werbung	1 448,–	4,3
1.6	Sonstige Einnahmen (Mieten, Pachten)	3 434,–	10,2
	Gesamtsumme Eigenfinanzierung:	29 151,–	86,7
2.	Fremdfinanzierung:		
2.1	Zuschüsse der Landessportbünde, Kreis- und Fachverbände	1 893,–	5,6
2.2	Zuschüsse des Bundes und der Länder	227,–	0,7
2.3	Zuschüsse der Kreise, Städte und Gemeinden	2 356,–	7,0
	Gesamtsumme Fremdfinanzierung	4 476,–	13,3
	Gesamtsumme Einnahmen:	33 627,–	

Zu 2.2
Die Einnahmen des einspartigen Mittelvereins mit Spezialsportart

		DM	Prozent
1.	Eigenfinanzierung:		
1.1	Beiträge	60 782,–	57,6
1.2	Spenden	8 461,–	8,0
1.3	Einnahmen aus Sportveranstaltungen	3 702,–	3,5
1.4	Einnahmen aus geselligen Veranstaltungen	2 045,–	1,9
1.5	Einnahmen aus Werbung, Sonstiges (Mieten, Pachten)	19 790,–	18,8
	Gesamtsumme Eigenfinanzierung:	94 780,–	89,8
2.	Fremdfinanzierung:		
2.1	Zuschüsse der Landessportbünde, Kreis- und Fachverbände	3 217,–	3,0
2.2	Zuschüsse des Bundes und der Länder	3 046,–	2,9
2.3	Zuschüsse der Kreise, Städte und Gemeinden	4 519,–	4,3
	Gesamtsumme Fremdfinanzierung:	10 782,–	10,2
	Gesamtsumme Einnahmen:	105 562,–	

Zu 2.3
Die Einnahme des mehrspartigen Mittelvereins

		DM	Prozent
1.	Eigenfinanzierung:		
1.1	Beiträge	16 255,–	36,4
1.2	Spenden	4 289,–	9,6
1.3	Einnahmen aus Sportveranstaltungen	4 881,–	10,9
1.4	Einnahmen aus geselligen Veranstaltungen	4 423,–	9,9
1.5	Einnahmen aus Werbung	1 122,–	2,5
1.6	Sonstige Einnahmen (Mieten, Pachten)	5 260,–	11,7
	Gesamtsumme Eigenfinanzierung	36 230,–	81,0
2.	Fremdfinanzierung:		
2.1	Zuschüsse der Landessportbünde Kreis- und Fachverbände	3 222,–	7,2
2.2	Zuschüsse des Bundes und der Länder	1 269,–	2,9
2.3	Zuschüsse der Kreise und Gemeinden	3 981,–	8,9
	Gesamtsumme Fremdfinanzierung	8 472,–	19,0
	Gesamtsumme Einnahmeseite	44 702,–	

Zu 3.1
Die Einnahme des ehrenamtlichen Großvereins

		DM	Prozent
1.	Eigenfinanzierung:		
1.1	Beträge	47 331,–	45,7
1.2	Spenden	7 341,–	7,1
1.3	Einnahmen aus Sportveranstaltungen	6 548,–	6,3
1.4	Einnahmen aus geselligen Veranstaltungen	4 546,–	4,4
1.5	Einnahmen aus Werbung	1 662,–	1,6
1.6	Sonstige Einnahme (Mieten, Pachten)	13 504,–	13,0
	Gesamtsumme Eigenfinanzierung:	80 932,–	78,1
2.	Fremdfinanzierung:		
2.1	Zuschüsse der Landessportbünde, Kreis- und Fachverbände	7 144,–	6,9
2.2	Zuschüsse des Bundes und der Länder	3 685,–	3,5
2.3	Zuschüsse der Kreise, Städte und Gemeinden	11 893,–	11,5
	Gesamtsumme Fremdfinanzierung:	22 722,–	21,9
	Gesamtsumme Einnahmeseite:	103 654,–	

Zu 3.2

Die Einnahme des hauptamtlichen Großvereins

	DM	Prozent
1. Eigenfinanzierung:		
1.1 Beiträge	71 702,–	44,1
1.2 Spenden	12 764,–	7,8
1.3 Einnahmen aus Sportveranstaltungen	12 815,–	7,9
1.4 Einnahmen aus geselligen Veranstaltungen	5 106,–	3,1
1.5 Einnahmen aus Werbung	1 595,–	1,0
1.6 Sonstige Einnahmen (Mieten, Pachten)	21 991,–	13,5
Gesamtsumme Eigenfianzierung:	125 973,–	77,4
2. Fremdfinanzierung:		
2.1 Zuschüsse der Landessportbünde, Kreis- und Fachverbände	15 563,–	9,6
2.2 Zuschüsse des Bundes und der Länder	6 802,–	4,2
2.3 Zuschüsse der Kreise und Gemeinden	14 319,–	8,8
Gesamtsumme Fremdfinanzierung:	36 684,–	22,6
Gesamtsumme Einnahmeseite	162 657,–	

Innerhalb der zwei Bereiche wird dann unterteilt in Beiträge/Spenden usw.. Bei der Fremdfinanzierung sind die einzelnen Zuschußgeber aufgeführt.

Die Zuschüsse, über die wie o. a. ein Verwendungsnachweis geführt werden muß, werden im wesentlichen für folgende Maßnahmen gegeben, wobei im Einzelfall Unterschiede zwischen den einzelnen Bundesländern bestehen können:

- Zuschüsse der Landessportbünde, Kreis- und Fachverbände für
  - Ausbildung von Jugendleitern, Organisationsleitern, Übungsleitern sowie sonstige Ausbildungen
  - Anschaffung von Sportgeräten
  - Bau bzw. die Renovierung vereinseigener – auch langfristig gepachteter – Anlagen
  - Abschluß von Versicherungen für Sportvereine
  - Förderung der Übungsarbeit in Sportvereinen (hier handelt es sich meist um Steuergelder, die vom Land über die Landessportbünde an die Vereine ausgezahlt werden)
  - Maßnahmen im Breiten- oder Freizeitsport.

- Zuschüsse des Bundes und der Länder für
  - Neubau oder Renovierung von vereinseigenen oder gepachteten Sportanlagen
  - Förderung der Übungsarbeit in Sportvereinen (s. o.)
  - Leistungs-, Breiten- und Freizeitsport, wobei derzeit für den Breiten- und Freizeitsport hauptsächlich nur Modellmaßnahmen existieren
  - Maßnahmen nach den jeweiligen Landesjugendplänen für Reisen, sportliche Begegnungen, Jugendlager, Jugendfreizeiten usw.
- Zuschüsse der Kreise, Städte und Gemeinden für
  - Förderung der Übungsarbeit in Sportvereinen (s. o.)
  - Neubau oder Renovierung vereinseigener oder gepachteter Sportanlagen
  - Maßnahmen im Breiten- und Freizeitsport
  - bestimmte Maßnahmen der Sportjugend auf kommunaler Ebene.

In letzter Zeit sind viele Vereine auch in den Genuß von Zuschüssen der Arbeitsverwaltung für die Durchführung von AB-Maßnahmen gekommen.

Aus den Tabellen ist ersichtlich, daß der Anteil der Eigenfinanzierung in allen aufgeführten Gruppen erheblich ist und von 77,4% bis 89,8% der Gesamteinnahmen geht. Festzustellen ist, daß die Großvereine dabei den geringsten Anteil an Eigenfinanzierung aufweisen mit 77,4% bzw. 78,1% und entsprechend höher als die anderen Vereinsgruppen von Zuschüssen dritter Seite abhängig wurden. Der Grund ist sehr häufig darin zu sehen, daß gerade die Großvereine über vereinseigene Anlagen verfügen und hier entsprechende Zuschüsse für Neubau bzw. Renovierung als Einmalzuschuß erhalten. Außerdem haben die zumeist mehrspartigen Großvereine Bedarf an einer großen Anzahl von Übungsleitern, um die gesamten Interessen im Sportverein abdecken zu können.

Die sicherste und solideste Finanzierung des Vereins besteht in einer angemessenen Einnahmehöhe aus Beiträgen, Umlagen und Aufnahmegebühren. Hier liegen die Großvereine im Mittelfeld mit 44,1% bzw. 45,7%. Den höchsten Anteil an Einnahmen aus Beiträgen, Umlagen und Aufnahmegebühren haben die Kleinvereine mit Spezialsportarten mit 54,2% sowie die Mittelvereine mit Spezialsportarten mit 57,6%. Der Grund liegt hier darin, daß in der Regel die Vereine mit Spezialsportarten über eigene Anlagen verfügen, da solche wegen der Verwendung nur für eine Sportart von den Kommunen nicht errichtet werden (Tennisanlagen, Golfplätze, Reitanlagen usw.).

Eine sehr schlechte Finanzierung durch Beiträge weisen der einspartige Kleinverein ohne Spezialsportart mit 31,8% sowie der mehrsprachige Kleinverein mit 31,9% auf. Die fehlenden Eigenfinanzierungsanteile werden bei beiden in auffallend hohem Maße durch Einnahmen aus Sportveranstaltungen bzw. Einnahmen aus geselligen Veranstaltungen abgedeckt.

Durchgehend für alle Gruppen ist festzustellen, daß bei den Fremdfinanzierungen der prozentual höchste Zuschuß jeweils von den Kreisen, Städten und Gemeinden zur Verfügung gestellt wird und der geringste Zuschuß vom Bund bzw. Bundesland kommt. Letzteres ist damit zu erklären, daß Zuschüsse des Bundes im wesentlichen nicht direkt an den Verein gehen, sondern an die Bundesfachverbände, da die Zuständigkeit des Bundes im wesentlichen nur für den Leistungssport gegeben ist.

Im Verhältnis Zuschüsse der Landessportbünde und Stadtsportbünde, Kreis- und Fachverbände zu Zuschüssen der Kreise, Städte und Gemeinden ist in den letzten ein/zwei Jahren aufgrund der allgemeinen Haushaltslage insbesondere in den Kreisen, Städten und Gemeinden ein deutlicher Rückgang der von diesen gewährten Zuschüsse festzustellen. Dieser Rückgang konnte teilweise durch ein Anheben der Zuschüsse der Landessportbünde, der Kreis- und Stadtsportbünde sowie der Fachverbände aufgefangen werden. Zum Teil mußten die Vereine jedoch ihre Eigenfinanzierung erhöhen durch Beitragserhöhung oder aber durch Erhöhung sonstiger Einnahmen aus Miete, Pacht, Werbung usw..

Insgesamt ist festzustellen, daß der einspartige Kleinverein ohne Spezialsportart mit einem auffallend kleinen Jahresetat auskommt und der hauptamtlich geführte Großverein den größten Finanzbedarf hat, wobei der Unterschied zum ehrenamtlich geführten Großverein im wesentlichen durch die Personalausgaben bedingt ist.

IV. Zusammenfassung

Die Finanzierung eines Sportvereins erfolgt im wesentlichen aus Eigenmitteln und gebundenen Zuschüssen von seiten Dritter, insbesondere der öffentlichen Hand.

Insgesamt und bei der Eigenfinanzierung kommt der wesentliche Teil aus Beiträgen, Eintrittsgebühren und Umlagen mit jedoch teils erheblichen Unterschieden innerhalb der einzelnen Vereinsgruppen.

Die solideste Finanzierung eines Vereins besteht in einem Etat, der alle zu erwartenden jährlichen Ausgaben für Personalkosten, Versicherungen, Verbandsbeiträge und Unterhaltskosten bzw. Mietkosten für Sportanlagen durch Beiträge abdeckt. Dies ist jedoch aufgrund der immer größer werdenden Kosten, die auf den Verein zukommen, in Zukunft in immer kleinerem Umfang möglich. Aus diesem Grunde wird der Verein der Zukunft noch mehr als bisher auf die Erhöhung anderer Einnahmequellen angewiesen sein, dies insbesondere auch im Hinblick darauf, daß – bedingt durch die Änderung des Steuerrechts – zukünftig der bezahlte Sport zulässig ist und damit die finanziellen Forderungen der für den Verein startenden Sportler immer größer werden.

Hier ist der Verein vor die Entscheidung gestellt, entweder nur reinen Amateursport zu betreiben oder aber, um sportliche Erfolge zu erzielen, seine Einnah-

men – insbesondere im Bereich der Eigenfinanzierung, Werbung und sportlichen Veranstaltungen – deutlich zu erhöhen.
Mit einer Erhöhung der Fremdfinanzierung ist mittelfristig nicht zu rechnen aufgrund der allgemeinen Finanzlage. Außerdem sind diese Zuschüsse zweckgebunden und sollen größtenteils dem Breitensport zugute kommen.

Ich denke, daß in den weiteren Referaten auf die Probleme staatlicher Sportförderung sowie auf die Problematik der Steuergesetzgebung für gemeinnützige Sportvereine noch im einzelnen eingegangen werden wird.

Quellenangaben:
1 Finanz- und Strukturanalyse (FISAS) des deutschen Sports
2 Sportplan 80 des LSB NW, Teil 3
3 Lehrbriefe für Organisationsleiter, DSB, 1985 1. Aufl
4 Der Verein heute/
   Fakten – Daten – Perspektiven, DSB, 1982, Bd. I–III
5 Schriftenreihe zum Deutschen Sporthandbuch, Klein/Schmidt, 1982 Bd. 2, 2. Aufl., Deutscher Fachschriften-Verlag, Wiesbaden

Voraussetzung und Formen staatlicher Sportförderung

Von Karl Schmidt

Vorbemerkung

Wenn über Voraussetzungen und Formen staatlicher Sportförderung gesprochen wird, dann muß am Anfang der Erörterungen eigentlich die Frage stehen:

Warum fördert die öffentliche Hand, also
Bund, Länder und Gemeinden, den Sport?

Man könnte es sich leicht machen und diese Frage lapidar etwa so beantworten:

Weil die Sportorganisationen ohne staatliche (öffentliche) Förderung ihre selbstgewählte Aufgabe nicht oder nur in viel geringerem Umfang und mit viel geringerem Wirkungsgrad erfüllen könnten.

Man muß deshalb wohl etwas weiter ausholen, wenn die o. g. Frage einigermaßen richtig beantwortet werden soll. Es ist wohl nötig, die Antwort mit der Frage nach dem Ziel allen staatlichen Handelns zu verknüpfen, das in den Gemeindeordnungen der meisten Bundesländer so umschrieben wird:

Die Gemeinden sind verpflichtet, das Wohl
ihrer Einwohner zu fördern.

Staatliches Handeln soll seiner Natur nach dem Wohl der im Staatsverband lebenden Menschen dienen.

Dies geschieht im Konkreten auf vielen Feldern; beispielhaft möchte ich nennen, die Sozialpolitik, die Wirtschaftspolitik, Kulturpolitik und auch die Verteidigungspolitik.

Sport und Sportpolitik gehören dazu, weil Sporttreiben eigentlich von vielen der verschiedenen Politikfelder etwas hat:

Normalerweise ist der Sport gesundheitsfördernd, dadurch wirkt er sich positiv aus auf die gesamte Volksgesundheit, daraus resultieren wiederum Auswirkungen auf die Kosten des Gesundheitswesens. Diese Kosten wiederum können aus der Betrachtung der gesamten Wirtschaftspolitik nicht hinweggedacht werden. Der Sport hat eine erzieherische Komponente und mündet letztlich in der Entwicklung des sogenannten „mündigen Bürgers" – was immer das auch bedeuten mag.

Sport für Behinderte, für Alte, Ausländer, straffällig gewordene, Herzinfarktpatienten und vieles andere mehr hat eindeutig sozialpolitische Akzente. Die Reihe der politisch spürbaren und von den Politikern auch längst entdeckten Übereinstimmungen bzw. Überlappungen mit Zielen anderer Politikbereiche könnte leicht fortgesetzt werden, ich meine allerdings, daß dies bei diesem sachkundigen Auditorium nicht unbedingt erforderlich ist.

Trotz dieser genannten Parallelen und auch der Überschneidungen politischer Handlungsfelder sind die konkreten politischen Ziele und Anlässe der Sportförderung durch die verschiedenen öffentlichen Träger durchaus unterschiedlich. Der Bund hat – u. a. wegen der ihm verfassungsrechtlich nicht zustehenden Kulturhoheit – andere Ziele für seine Sportförderung als Länder und Gemeinden. Er wendet sich zum Teil jedenfalls an andere Adressaten für seine Förderungsmittel. Er muß sich auf Grund der verfassungsrechtlichen Lage auf solche Aufgaben konzentrieren, die wegen ihrer gesamtstaatlichen Bedeutung oder, weil sie von einem Land nicht allein wirksam erfüllt werden können, deutlich aus der Länder- und Gemeindezuständigkeit herausgehoben sind. Maßgebend für die rechtliche Betrachtung dieser Zuständigkeitsfragen ist wohl die Entscheidung des Bundesverfassungsgerichts Band 22, 180 (217). In Anwendung der dort vom Bundesverfassungsgericht vorgegebenen Kriterien ist es dem Bund möglich, die Spitzenverbände für Maßnahmen auf dem Gebiet des Hochleistungssports und der internationalen Beziehungen zu fördern (Art. 32 GG). Dies geschieht – ich bemerkte das schon – insbesondere aus dem Blickwinkel der gesamtstaatlichen Repräsentation bei der Förderung und Beteiligung der Sportfachverbände bei Olympischen Spielen, Welt- und Europameisterschaften. Auf die einzelnen vom Bund zu fördernden Bereiche werde ich nachher noch zurückkommen. Durchaus zutreffend kann man sagen, daß der Bund in erster Linie den Hochleistungs- und Spitzensport fördert.

Die Verstärkung staatlicher und kommunaler Förderungsbemühungen für den Sport beruht auf der Erkenntnis, daß regelmäßige sportliche Betätigung unschätzbare Wirkungen und Folgen für das Leben der Menschen als einzelne und für das Zusammenleben aller hat. Dem Staat muß daran gelegen sein, daß seine Bürger insgesamt eine positive Einstellung zum Leben in dieser Gemeinschaft besitzen. Das konfliktärmere Zusammenleben muß erst erreicht werden. Konflikte im Zusammenleben lassen sich ohne faire Auseinandersetzung nicht lösen. Im Sport, in Übung und Wettkampf, wird es immer wieder zur Aufgabe gemacht, Leistungen zu erreichen, sich selbst und andere in fairer Form zu überwinden, mit Siegen wie mit Niederlagen fertig zu werden. Das bedeutet, der Sportler lernt, daß er dauernd große und kleine Konflikte lösen muß, er lernt, Schwierigkeiten zu überwinden. Es werden aber auch Spannungen, Aggressionen, die aus dem Streß des beruflichen Lebensbereiches, dem Straßenverkehr und vielen anderen Situationen stammen können, beim Sport abgebaut. Sportliche Betätigung, das als These, kann somit auch Konflikte lösen, deren Ursachen in ganz anderen Bereichen unseres Lebens liegen. Aus dieser Erkenntnis folgt nahezu mit Naturnotwendigkeit, daß die öffentliche Hand, die politisch Verantwortlichen an diesem Phänomen Sport nicht vorbeigehen konnten, sondern nach Möglichkeiten suchen mußten und müssen, die äußeren und inneren Bedingungen für den Sport in unserem Lande zu verbessern.

Die Förderung des Sports ist aus diesen genannten Gründen zu einer quasi öffentlichen Aufgabe geworden. Ich darf anmerken, daß es natürlich auch für die politischen Kräfte in der Bundesrepublik Deutschland interessant ist, die größte Personenvereinigung der Bundesrepublik Deutschland mit nahezu 20 Millionen Mitgliedern in ihre Überlegungen mit einzubeziehen und möglichst auch die parteipolitischen Ziele auf diesem Gebiet in Einklang mit den Bedürfnissen der sporttreibenden Menschen zu bringen.

Ich nehme an, ich habe mit dieser Einleitung deutlich gemacht, warum die öffentliche Hand den Sport bisher gefördert hat und wohl auch in Zukunft fördern wird.

Im zweiten Teil meiner Ausführungen möchte ich darlegen, **wie** das auf den verschiedenen Ebenen geschieht und worin der eine oder andere Unterschied im Verfahren und in der Form der Sportförderung auf kommunaler, Landes- und auf Bundesebene besteht.

Weil der Schwerpunkt der finanziellen Belastung durch die Sportförderung bei den kommunalen Gebietskörperschaften liegt, erscheint es mir angemessen, deren Part als ersten zu behandeln.

I. Kommunale Sportförderung

Erster Ansprechpartner für die Sportvereine sind die kommunalen Gebietskörperschaften, d.h. Städte, Gemeinden, Landkreise.

Die Sportförderung hat hier eine überaus große Ausweitung erfahren. Seit der Verkündung des von der Deutschen Olympischen Gesellschaft mit Zustimmung des Deutschen Sportbundes vorgelegten Goldenen Planes im Jahre 1960 hat die systematische Errichtung von Sport-, Spiel- und Freizeitanlagen bis Ende der 70er Jahre in den Städten und Gemeinden eine kontinuierlich steigende Entwicklung genommen.

Zu Sport-, Spiel- und Freizeitanlagen zählen im einzelnen:

– Turn- und Sporthallen
– Sportplatzanlagen
– Hallenbäder
– Freibäder
– Sondersportanlagen
– Öffentliche Spielplätze
– Freizeitzentren.

Sondersportanlagen bzw. Spezielle Anlagen für einzelne Sportarten sind u. a.:
- Reitsportanlagen
- Eissportanlagen
- Tennisplätze
- Golfplätze
- Schießsportanlagen
- Squashanlagen
- Skiloipen
- Skipisten
- Skisprungschanzen
- Radrennbahnen.

Freizeitzentren sind Anlagen, die vielfältig eingerichtete Sport-, Spiel- und Erholungsgelegenheiten bieten. Hierzu zählen z. B. familiengerechte Nachbarschaftsspielplätze, die in größeren Wohnbereichen errichtet werden. Sie sollen Spielmöglichkeiten für alle Altersstufen bieten; die Gesamtanlage soll sich in einen Spielbereich für Kleinkinder, einen Spielbereich für Kinder über 6 Jahre und einen Familienspielbereich gliedern.

Die Zahlen des Goldenen Planes sind zwar heute erreicht, doch darf hieraus nicht etwa der Schluß gezogen werden, daß Städte, Gemeinden und Kreise nunmehr den Sportstättenbau überhaupt einstellen können (vgl. 3. Memorandum zum Goldenen Plan vom 1. 12. 1984).

Die Schaffung von weiteren Sport-, Spiel- und Freizeitanlagen bleibt auch in Zukunft eine fortdauernde und vorrangige gesellschaftspolitische Aufgabe.

Neue Sport- und Spielformen, das Ansteigen von Hallensportarten, die Zuwächse in Vereinen und Verbänden, das Erschließen neuer Bevölkerungsgruppen und vieles andere mehr sind gewichtige Gründe dafür, daß es im Sportstättenbau keinen Stillstand geben kann und geben darf.

In Zukunft werden Sanierungsmaßnahmen größere Bedeutung im Rahmen der Förderung gewinnen; darüber hinaus werden im Bereich des Baues von sogenannten Sonder- oder Spezialsportanlagen neue Anforderungen an Vereine, Kommunen und Länder gestellt.

Das Hauptproblem für alle Bauträger ist heute gar nicht mehr so sehr im Investitionskostenbereich zu finden, sondern in der Aufbringung der Folgekosten, wobei die Personalkosten eine nicht untergeordnete Rolle spielen. In immer stärkerem Maße zwingt die allgemeine Finanzsituation dazu, vor der Inangriffnahme von Sportstättenbauten zu untersuchen,
- ob der vorhandene Bestand durch organisatorische Maßnahmen oder Modernisierung/Sanierung verstärkt genutzt werden kann, und
- ob bauliche Ergänzungs- und Erweiterungsmaßnahmen an bestehenden Anlagen zu einer kostengünstigeren Erweiterung des Angebotss führen können als der völlige Neubau von Anlagen.

Die kommunale Sportförderung beschränkt sich jedoch nicht ausschließlich auf die Errichtung, Unterhaltung und Ausstattung von Sportstätten, sondern erstreckt sich auf die Bezuschussung einmaliger oder laufender sportlicher Aktivitäten. Die Städte und Gemeinden sind dabei auch unter finanziellen Gesichtspunkten wichtige Partner der Sportvereine; sie helfen den Vereinen, die Voraussetzungen und Grundlagen für die sportliche Betätigung der Bevölkerung zu schaffen.

In Betracht kommen im einzelnen folgende Hilfen:
- Unterstützung beim Bau und der Unterhaltung vereinseigener Sportanlagen
- Kostenlose Bereitstellung kommunaler Anlagen, Geräte und Einrichtungen
- Zuschüsse für Geräteanschaffungen
- Zuschüsse zu Veranstaltungskosten
- Allgemeine Pro-Kopf-Mitgliedsförderung der ortsansässigen Vereine
- Zuschüsse zur Vergütung der Übungs- und Organisationsleiter
- Hilfen bei der Pflege vereinseigener Anlagen durch Gemeindepersonal
- Zuschüsse für Leistungs- und Hochleistungssportler der Vereine
- Ehrungen für verdiente Vereinsmitarbeiter und erfolgreiche Sportler.

Die Gemeinden und Städte stellen die kommunalen Sportstätten den Sportvereinen trotz der hohen Investitions- und Folgekosten grundsätzlich kostenlos zur Verfügung; sie erheben Benutzergebühren von Sportvereinen in der Regel lediglich bei der Benutzung von kommunalen Hallen- und Freibädern und in den Fällen, in denen Vereine durch die Nutzung der Anlagen nicht unerhebliche Gewinne machen.

Die Sportvereine erhalten außerdem vielfach kommunale Zuschüsse zur Unterhaltung vereinseigener Sport-, Spiel- und Freizeitanlagen sowie zur Beschaffung von Sportgeräten und Sportplatzgeräten.

Die direkte kommunale Sportförderung wird in den meisten Städten, Gemeinden und Kreisen als „Pro-Kopf-Förderung" gewährt. Als wesentliche Bezugsziffer für die kommunale Sportförderung dient danach z. B. die Anzahl der den Sportvereinen angehörenden Kinder und Jugendlichen. Die Städte, Gemeinden und Kreise, welche die sogenannten „Maßnahmenförderung" bevorzugen, sehen ihre Schwerpunkte im Bereich der Leistungssportförderung, der Übungsleiterbezuschussung und der Sportabzeichenförderung. Neben den finanziellen Hilfen sollten aber auch die ideellen Hilfen Erwähnung finden. Hier wäre die kooperative Zusammenarbeit zwischen Gemeinde und Sportverein, die Betreuungs- und Beratungshilfen, insbesondere bei der Neueinrichtung von Sportabteilungen, und die Ehrungen verdienter Mitarbeiter unbedingt erwähnenswert.

Viele Kommunen haben in sogenannten Sportförderungsrichtlinien die Bedingungen und Voraussetzungen für eine Förderung und Unterstützung ihrer Sportvereine festgelegt. Dadurch sind die Vereine in der Lage, über längere Zeiträume hinweg zu disponieren und die erwarteten Zuschüsse zwecksentsprechend einzusetzen. Sportförderungsrichtlinien garantieren allen Sportvereinen einer Gemeinde eine gleichmäßige und überschaubare Förderung, wobei die Beihilfen nur im Rahmen der im Haushaltsplan der Gemeinden bereitgestellten Mittel gewährt werden. Die Sportvereine haben allerdings i.d.R. dadurch keinen Rechtsanspruch auf die öffentliche Hilfe.

Grundlage für die gemeindliche Förderung von Sportvereinen ist der Haushalt der jeweiligen Gemeinde. Der Gemeindehaushalt enthält in der Regel einen allgemeinen Gesamtansatz zur Förderung des Vereinssports. – Die eigenen Sportmaßnahmen, z. B. gemeindlicher Sportstättenbau bzw. – unterhaltung, erscheinen grundsätzlich an anderer Stelle des Haushalts.

Es gibt die verschiedensten Förderungsrichtlinien und Förderungsformen. Allen gemeinsam ist allerdings die Bestimmung, daß nur Vereine gefördert werden, die ihren Vereinssitz innerhalb der Gemeinde haben und daß sich die Förderung auch nur auf Sportler beziehen kann, die entweder Einwohner der Gemeinde sind oder einem ortsansässigen Verein angehören.

Viele Gemeinden haben einen Pauschalförderungssatz, der sich auf die Mitglieder der ortsansässigen Vereine bezieht. In der Regel sind es 1,– DM bis 3,– DM pro Mitglied.

Spezielle Mittel stehen z. B. auch für die Förderung der Übungsleiterstunden in den Vereinen zur Verfügung. Dabei sind Stundensätze zwischen 0,50 DM und 1,50 DM die Regel.

Die Förderungsmittel der Gemeinden für Maßnahmen des *Sportstättenbaues* machen den *Hauptanteil* der gemeindlichen Sportförderung aus. Dazu kommen auch Hilfen zur Unterhaltung vereinseigener Anlagen. In der Regel werden für die Quadratmeterzahlen der zu unterhaltenden Anlagen Beträge von 1,– DM bis 10,– DM pro qm an die Vereine gezahlt.

Manche gemeindlichen Richtlinien enthalten auch die Möglichkeit die Übernahme der festen Kosten, wie Heizung, Wasser, Reinigung und dergleichen durch die Gemeinden.

Viele Gemeinden geben Zuschüsse zu Veranstaltungen, zu Partnerschaftsbegegnungen und zu Sportfesten.

Anhand einiger Beispiele gemeindlicher Sportförderungsrichtlinien kann das in der Diskussion noch näher erläutert werden.

II. Die Sportförderung in den Bundesländern

Als Teil der Kulturhoheit obliegt nach Artikel 30 Grundgesetz die in der Verfassung nicht ausdrücklich geregelte Sportförderung grundsätzlich den Bundesländern. Neben der in viele Bereiche des Spitzensports hineinreichenden Förderung durch die Länder liegen die Schwerpunktaufgaben insbesondere im Bereich der Förderung des Breitensports inner- und außerhalb der Verbände und Vereine.

Hinweis auf 3 Sportförderungsgesetze der Länder Rheinland-Pfalz (1975), Berlin (1978) und Bremen (1976).

Innerhalb der Länderregierungen sind die Zuständigkeiten für die Sportförderung unterschiedlich geregelt. Während in sieben Bundesländern – Bayern, Berlin, Baden-Württemberg, Niedersachsen, Nordrhein-Westfalen, Saarland und Schleswig-Holstein – jeweils ein Ministerium (Kultusministerium) für die Förderung des Schulsports *und* des allgemeinen Sportes (Förderung der Sportorganisationen) allein zuständig ist, werden die Aufgaben der Sportförderung in den beiden Stadtstaaten Hamburg und Bremen sowie in den Ländern Hessen und Rheinland-Pfalz für die beiden genannten Bereiche in verschiedenen Ressorts wahrgenommen.

Ungeachtet der genannten Zuständigkeitsregelungen erstreckt sich die Förderung des Sportes in den Ländern auf nahezu alle Bereiche des sportlichen Lebens. Die Zusammenarbeit mit den kommunalen Gebietskörperschaften ist dabei ein selbstverständliches und unverzichtbares Element.

Trotz der gleichgearteten Aufgaben haben sich praktisch elf unterschiedliche Förderungsprogramme bzw. -strukturen entwickelt, die sich nach historischen, finanziellen und regionalen Gegebenheiten unterscheiden. Vergleich zwischen den Ländern sind deshalb nur schwer anzustellen. Trotzdem weisen natürlich die Förderungsprogramme aller Länder gleichartige Schwerpunkte auf.

Allgemein kann von vier Schwerpunkten der Förderung des Sportes in den Bundesländern gesprochen werden:

1. Förderung des Sportstättenbaues,
2. Förderung des Schul- und Hochschulsportes,
3. Förderung der Sportorganisationen,
4. Förderung besonderer Zielgruppen.

1. Förderung des Sportstättenbaues

Hinweis: Sportförderungsgesetz, Richtlinien, Planungsverordnung.

Im Rahmen der Förderung des Sportstättenbaues werden allgemeine kommunale Sport-, Spiel und Freizeitanlagen, Sportanlagen an Schulen und Hochschulen und Vereinssportanlagen im Rahmen der vorhandenen Haushaltsmittel gefördert.

Die Länder gaben 1984 673 Mio DM aus,
die Kommunen 1,7 Milliarden
dazu Unterhaltungskosten (nicht beziffert).

Der Sportstättenbau wird nach Bedarfs- oder Entwicklungsplänen gefördert, die von den Kommunen aufgestellt und dann auf die regionale und Länderebene übertragen werden. Im allgemeinen folgen dabei die Länder den von der Deutschen Olympischen Gesellschaft entwickelten Richtwerten für Erholungs-, Spiel- und Sportanlagen.

Hinweis: Beispiel für Verfahren (Rheinland-Pfalz). In Rheinland-Pfalz besteht durch SpFG eine Verpflichtung der Landkreise und Gemeinden zur Erstellung von Sportstätten-Rahmen-Leitplänen (Landkreise) und Sportstätten-Leitplänen (Gemeinden). Rechtsgrundlagen: SpFG und Planungsverordnung.

2. Förderung des Schul- und Hochschulsportes

Der zweite große Komplex der Landesförderung bezieht sich auf die Förderung des Schul- und Hochschulsportes. Hier sind insbesondere die Ausbildungseinrichtungen an den Hochschulen, Fachhochschulen u. ä. zu nennen, die damit zusammenhängende Besoldung von Professoren und Dozenten, die im Fach Sportwissenschaft und Sportpraxis unterrichten, außerdem die Besoldung der Sportlehrer an den allgemeinbildenden und weiterführenden Schulen der Länder, die Fortbildungsmaßnahmen für Sportlehrer, der Sportstättenbau an Schulen und das schulsportliche Wettkampfwesen. Innerhalb des schulsportlichen Wettkampfwesens nehmen die in allen Schulen veranstalteten Bundesjugendspiele und der Schulmannschafts-Wettbewerb „Jugend trainiert für Olympia" herausragende Ränge ein. Neben diesen Wettbewerben wird eine Vielzahl von Schulsport-Wettkampfveranstaltungen, Schulsportfesten, Schulsporttagen im regionalen und örtlichen Bereich von den Ländern gefördert.

Die Länder üben hinsichtlich des schulsportlichen Wettkampfwesens größte Zurückhaltung, weil nach überwiegender Ansicht einmal das Wettkampfwesen nicht in erster Linie pädagogisches Anliegen der Schulen sein kann und zum zweiten, weil das vielfältige Wettkampfsystem der Vereine und Verbände durch zusätzliche Wettkämpfe auf schulischer Ebene nicht gestört werden soll. Der schulische Sportunterricht soll überwiegend das Interesse für den Sport wecken, die vielseitigen Betätigungsmöglichkeiten sowie die eigenen Fähigkeiten aufzeigen und mit Sportarten und -disziplinen bekanntmachen. Eine Vertiefung der Kenntnisse und sportlichen Fähigkeiten kann und soll in den Vereinen erfolgen.

3. Förderung der Sportorganisationen

Einen großen Raum nimmt in den Ländern die Förderung der Sportorganisationen ein.

Bei der Förderung der Sportverbände handelt es sich um sogenannte „subsidiäre" Hilfen, d. h. die öffentliche Hand fördert nur dann, wenn die eigenen Mittel und Möglichkeiten der Zuwendungsempfänger zur Bewältigung der Aufgaben nicht ausreichen (Hilfe zu Selbsthilfe). Hier sind zu unterscheiden die sogenannte institutionelle Förderung und die Projekt- oder Maßnahmenförderung. Je nach Förderungssystem werden Zuwendungen an die Sportorganisationen für allgemeine Zwecke des Breiten- und Wettkampfsportes (einschließlich Verwaltungskosten) *über* den Landeshaushalt oder unmittelbar als Zuwendungen der Sportwetten-Gesellschaften *außerhalb* des Landeshaushalts geleistet.

Diese Zuwendungen bzw. Zuschüsse, die im wesentlichen der Verbands- und Vereinstätigkeit dienen, werden zum Beispiel verwendet für den Kauf von Sportgeräten, für Fahrten zu Wettkämpfen, Sportkleidung, kleinere Sportstättenmaßnahmen, Unterhaltung von vereinseigenen Anlagen, Lehrgangstätigkeit der Sportfachverbände, Sportfreizeiten und Jugendfreizeiten und vieles anderes mehr.

Eine große Bedeutung kommt der Unterstützung der Sportorganisationen zur Ausbildung, Fortbildung und Honorierung der Übungs-, Organisations- und Jugendleiter zu. Im Jahre 1985 haben die Bundesländer rd. 65 Millionen DM für diese Zwecke ausgegeben.

Auch den Leistungssport fördern die Länder in ganz erheblichem Umfang. Gefördert werden Bau, Ausbau und Betrieb von Bundes- und Landesleistungszentren und -stützpunkten sowie der Verbandssportschulen. Hinzu kommen Aufwendungen für die Vergütung haupt- und nebenamtlicher Landestrainer sowie Honorartrainer und Übungsleiter, die im Leistungssport eingesetzt werden. Die Landesförderung bezieht sich im wesentlichen auf den Trainings- und Wettkampfaufwand der sogenannten D- und E-Kader-Angehörigen, also der hochtalentierten Nachwuchssportler. Leistungssportveranstaltungen sowie Landesmeisterschaften, auch Zuwendungen zu nationalen und internationalen Sportveranstaltungen vervollkommnen das Bild der Förderung.

Fast alle Länder haben ein Netz von sportmedizinischen Untersuchungs- und Betreuungszentren aufgebaut, in denen in erster Linie die Leistungssportler der Landes-Kader untersucht und betreut werden. In einigen Ländern erfahren darüber hinaus auch sonstige Wettkampf- und Breitensportler in den gemeinsam mit den Verbänden eingerichteten Untersuchungszentren sportmedizinische Betreuung. Neben den unmittelbaren Zuwendungen für sportmedizinische Untersuchungen selbst fördern die Länder die Aufwendungen für den Aufbau, die Einrichtung und den Betrieb der Untersuchungszentren.

4. Förderung besonderer Zielgruppen

Parallel zu den sich wandelnden und ergänzenden Aufgaben der Sportvereine sind in allen Bundesländern in den vergangenen Jahren verstärkt Institutionen und gesellschaftliche Gruppen gefördert worden, die sich der sportlichen Betreuung der Benachteiligten unserer Gesellschaft zugewandt haben. So sind in großen Ausbildungsprogrammen Übungsleiter für folgende Bereiche ausgebildet worden und erfahren auch eine regelmäßige Fortbildung:

– Behindertensport
– Sport mit Älteren
– Neue LSB-Aktion „Sport in Prävention"
– Sport mit Infarktgeschädigten
– Sport mit Strafgefangenen
– Sport im Elementarbereich
– Sport mit Ausländern
– Sport mit Schichtarbeitern.

Dem Bereich „Sportförderung für besondere Zielgruppen" wird auch in Zukunft die besondere Aufmerksamkeit der Länder gelten. Die Sportministerkonferenz der Länder hat die Sportförderung für diese Bereiche zu einer der Schwerpunktaufgaben der künftigen staatlichen Sportförderung erklärt.

5. Mittel für staatliche Sportbehörden

Neben den genannten vier Schwerpunkten wenden die Länder noch erhebliche Mittel für die Personalkosten staatlicher Sportbehörden (Ministerien, Bezirksregierungen, Polizei, Justizvollzugsanstalten u.a.) auf.

Zuwendungen werden auch gewährt für den Sport im Rahmen der außerschulischen Jugendbildung an Jugendverbände, für besondere Maßnahmen des Reitsportes (Zucht), des Luftsportes, des Motorsportes, für die Förderung internationaler Begegnungen, bei denen auch Sport getrieben wird, die Förderung von Modellvorhaben und des Sportes in der Weiterbildung.

III. Die Sportförderung durch den Bund

Die Abgrenzung der Förderungszuständigkeiten von Bund und Ländern bereitet Schwierigkeiten, weil die in der Verfassung nicht ausdrücklich geregelte Sportförderung zur Kulturhoheit zählt und damit grundsätzlich Sache der Bundesländer ist. Demnach ist der Bund nur in eingeschränktem Maße für die Förderung des Sportes zuständig. Es handelt sich dabei um eine zwischen Bund und Ländern vereinbarte Zuständigkeit, die sich aus der „Natur der Sache", der *allgemeinen* Repräsentanz sowie aus besonderen Aufgabenstellungen ergibt.

Abgesehen von Sonderzuständigkeiten – erwähnt seien hier die internationalen und innerdeutschen Sportbeziehungen, die Sportförderung im Zonenrandgebiet und im eigenen Dienstbereich, wie Bundeswehr und Bundesgrenzschutz, Bahn und Post – nimmt der Bund – zuständiges Ministerium ist das Bundesministerium des Innern – insbesondere Zuständigkeiten für zwei Bereiche wahr:

1. Für Vorhaben, die der gesamtstaatlichen Repräsentation dienen (z. B. Olympische Spiele, Welt- und Europameisterschaften, Länderkämpfe),
2. für Maßnahmen bundeszentraler nichtstaatlicher Organisationen, die für das Bundesgebiet als Ganzes von Bedeutung sind und durch ein Land allein nicht wirksam unterstützt werden können. Beispielhaft hierfür sind etwa länderübergreifende Maßnahmen des Deutschen Sportbundes, des Nationalen Olympischen Komitees für Deutschland oder der Bundessportfachverbände.

Bei dieser Gelegenheit sollte darauf hingewiesen werden, daß der Bund Vereine nicht fördern kann, obwohl über das Stützpunkttraining in gewissem Umfang auch Vereine in den Genuß der Bundesförderung kommen.

Aus den erwähnten Kompetenzen läßt sich ableiten, daß der Schwerpunkt der Sportförderung des Bundes beim Hochleistungssport liegt.

Für die Förderung des Hochleistungssportes selbst gibt es keine besonderen Kriterien, weder ein Sportförderungsgesetz wie in den Ländern Rheinland-Pfalz, Bremen, Berlin, noch spezielle Förderungsrichtlinien für den Sport, wie in den anderen Ländern.

Bei der Förderung des Hochleistungssportes werden von der Bundesregierung die vom Sport selbst unter Beteiligung der „öffentlichen Hand" (Sportministerkonferenz – SMK – und kommunale Spitzenverbände) entwickelten Programme berücksichtigt, wie die neugefaßten „Grundsätze für die Kooperation zur Förderung des Leistungssports" (von 1985), das „Förderungskonzept für den Spitzensport" (von 1977) und die „Grundsatzerklärung für den Spitzensport" (ebenfalls von 1977).

Ein neuer „Zweig" der Förderung des Hochleistungssports ist die Einrichtung von Olympia-Stützpunkten.

Direkter Ansprechpartner der Bundesregierung ist der Bundesausschuß Leistungssport (BAL) des DSB. Mit diesem Ausschuß werden die Anforderungen der Bundessportverbände in sogenannten Jahresplanungsgesprächen auf den notwendigen Umfang festgelegt.

Schwerpunkte der Sportförderung durch die Bundesregierung sind die

– Jahresplanungen der Fachverbände
– Organisation von Veranstaltungen in der Bundesrepublik Deutschland
– Unterhaltung der Bundesleistungszentren
– Bezahlung der Bundestrainer und hauptamtlichen Führungskräfte
– sportmedizinischen Untersuchungen
– Projekte des Deutschen Sportbundes im Hochleistungssport
– Vertretung in den internationalen Föderationen

- Sportstättenbau (hier insbesondere Bau von Bundesleistungszentren und Bundesstützpunkten)
- Sportwissenschaft.

1. Jahresplanungen der Fachverbände

In den Jahresplanungen werden alle Vorhaben der Fachverbände zusammengefaßt. Insbesondere handelt es sich um folgende Maßnahmen:

- Das *Wettkampfprogramm* mit der Teilnahme an Welt- und Europameisterschaften, Welt- und Europacups, Länderkämpfen und einer Vielzahl anderer internationaler Wettbewerbe sowohl im Senioren- wie im Jugendbereich.
- Das *Schulungsprogramm* mit zentralen Lehrgängen der Nationalmannschafts-Kader, die weitgehend in den Bundesleistungszentren stattfinden. Das Stützpunkttraining, die Schulung in Internaten, die Fortbildung von Trainern und Kampfrichtern, die Vergütung für die Honorartrainer sowie die Reisekosten für die Bundestrainer.
- Die Finanzierung von Sichtungslehrgängen für talentierte Jugendliche.
- Die *Beschaffung technischer Hilfsmittel,* sofern sie nicht für die Bundesleistungszentren angeschafft werden, wie Boote, Räder, Bob- und Rodelschlitten oder Klingen für die Fechter, audiovisuelle und sonstige Geräte.

2. Organisation von Veranstaltungen in der Bundesrepublik Deutschland

Der Bund beteiligt sich an den Kosten für die Organisation von bedeutenden internationalen Sportveranstaltungen in der Bundesrepublik Deutschland, wie Welt- und Europameisterschaften. Mit den Bundesländern besteht eine Absprache, daß sich Bund und jeweiliges Land an den nicht gedeckten Kosten einer solchen Veranstaltung beteiligen.

3. Unterhaltung der Bundesleistungszentren/Bundesstützpunkte

Neben den 27 Bundesleistungszentren fördert der Bund das Training in sogenannten Bundesstützpunkten der Sportfachverbände. Das Netz der Bundesstützpunkte umfaßt ca. 200 Stützpunkte, in denen die Voraussetzungen für ein kontinuierliches Training der Athleten geschaffen sind.

Der Bund gewährt zu den Investitionskosten in der Regel Zuschüsse in Höhe von 50% bis 70%. An den Folgekosten beteiligt er sich in Höhe der Nutzungsquote des Bundes.

4. Bundestrainer und hauptamtliche Führungskräfte

Zur Zeit bezahlt der Bund die Vergütungen für ca. 45 hauptamtliche Führungskräfte (Geschäftsführer, Sportdirektoren der Verbände). Darüber hinaus finanziert er ca. 110 hauptamtliche Bundestrainer, die in erster Linie das Training der A-, B- und C-Kader zu leiten haben.

5. Sportmedizinische Untersuchungen

Ein weiterer Schwerpunkt in der Bundesförderung ist die Unterstützung von sportmedizinischen Maßnahmen zugunsten der Hochleistungssportler. Den Angehörigen des Bundes-Kaders stehen 15 sportmedizinische Untersuchungszentren zur Verfügung, in denen sie sich u. a. jährlich einer Vorsorgeuntersuchung und einer sportartspezifischen leistungsdiagnostischen Untersuchung unterziehen.

6. Projekte des Deutschen Sportbundes im Hochleistungssport

Auch nach dem Ausscheiden des Deutschen Sportbundes aus der institutionellen Förderung durch den Bund werden vom Bundesinnenministerium bestimmte Projekte des Bundesausschusses Leistungssport gefördert. Dabei handelt es sich hauptsächlich um die Übernahme von Kosten für die biomechanischen Untersuchungen, Fort- und Weiterbildungsseminare für Trainer und sportmedizinisches Personal, leistungssportliche Publikationen und anderes.

7. Vertretung in den internationalen Föderationen

Die Bundesregierung stellt Mittel für die Arbeit deutscher Vertreter in den Gremien der internationalen Verbände zur Verfügung.

8. Sportstättenbau

Im Bereich des Sportstättenbaues beschränkt sich die Finanzierungskompetenz des Bundes – abgesehen von der Sonderzuständigkeit für das Zonenrandgebiet – auf den Bau von Sportstätten für den Hochleistungssport. Solche Sportanlagen sind fast ausschließlich Bundesleistungszentren und die Landesleistungszentren, die von Angehörigen der Bundeskader mit benutzt werden.

9. Sportwissenschaft

Die in den letzten Jahren sprunghaft gestiegene Bedeutung des Sportes für den einzelnen wie für die Gesellschaft verlangt die wissenschaftliche Analyse und weiterführende Forschung. Wissenschaftliche Ergebnisse sind eine wesentliche Voraussetzung für die Sportpraxis, insbesondere im Hochleistungssport. Bereits 1970 ist daher das Bundesinstitut für Sportwissenschaft gegründet worden, das die Rechtsform einer Anstalt des öffentlichen Rechts besitzt.

Die Aufgabe dieses Instituts besteht u. a. darin, die wissenschaftliche Zweckforschung auf den Gebieten des Sportstättenbaues, der Geräteentwicklung, der Medizin, der Pädagogik, der Psychologie, der Soziologie sowie der Bewegungs- und Trainingslehre vor allem durch Planung und Koordinierung sowie durch Finanzierung von Forschungsvorhaben und Auswertung von Forschungsergebnissen zu fördern.

Wenn von Förderung des Sports durch den Bund gesprochen wird, dann darf die Erwähnung der Rolle des Bundespräsidenten nicht fehlen. Der Bundespräsident ist grundsätzlich Schirmherr der deutschen Turn- und Sportbewegung als Ganzes. Sichtbarer Ausdruck staatlicher Wertschätzung des Sports sind die Auszeichnungen durch den Bundespräsident. Er verleiht das von Professor Heuss 1950 geschaffene Silberne Lorbeerblatt auf Vorschlag des Präsidenten des Deutschen Sportbundes als staatlich anerkanntes Ehrenzeichen für außerordentliche Leistungen von internationalem Rang, die außerdem noch einer vorbildlichen charakterlichen und menschlichen Haltung entsprechen müssen. Einmalige Höchstleistungen reichen grundsätzlich nicht aus.

Im gleichen Sinne verleiht der Bundespräsident an verdienstvolle Behindertensportler die Silbermedaille für den Behindertensport.

Neuerdings, seit 1984, werden über 100jährige Vereine mit der durch den Bundespräsidenten gestifteten Sportplakette ausgezeichnet.

Der Bundespräsident ist außerdem Schirmherr der Bundesjugendspiele, an denen jährlich mehr als 5 Millionen Schülerinnen und Schüler teilnehmen.

Neben diesen, nur für den Sport bestimmten staatlichen Auszeichnungen werden verdiente Mitarbeiter in Sportvereinen und -verbänden sowie in der Sportverwaltung und auch verdiente Sportler mit dem Verdienstorden der Bundesrepublik Deutschland bzw. dem Bundesverdienstkreuz ausgezeichnet.

IV. Regionale und überregionale Zusammenarbeit

1. Deutsche Sportkonferenz

Die 1970 gegründete Deutsche Sportkonferenz war als Koordinationsstelle der Sportförderung gedacht. Ihr gehören 24 Mitglieder an, die je zur Hälfte von Sport und Staat entsandt werden:

Sport   (12),
Bund   (1),
Länder   (4),
Kommunale
Spitzenverbände (3)   und
Parteien des
Deutschen
Bundestages   (4).

Der Konferenz gehört außerdem der Vorsitzende der Innenministerkonferenz der Länder als ständiger Gast an. Die Deutsche Sportkonferenz sieht ihre wesentlichen Aufgaben darin, Aktionen zu einer umfassenden gesellschaftspolitischen Integration des Sports anzuregen und Maßnahmen zur Förderung des Sports auf Bundes-, Landes- und kommunaler Ebene zu koordinieren, die eine Zusammenarbeit aller Beteiligten erfordern. Die Deutsche Sportkonferenz spricht vor allem für die Bereiche des Schul-, Breiten- und Leistungssports, der Sportwissenschaft, der Organisation und Verwaltung des Sports sowie der Gesetzgebung Empfehlungen aus. Sie versteht sich als Arbeitsgemeinschaft, die nur möglichst einstimmig gefaßte Entscheidungen trifft, die in Expertengruppen erarbeitet wurden.

2. Konferenz der Sportminister der Länder

Die Zusammenarbeit zwischen den Bundesländern, die angesichts der wachsenden, oft gleichgelagerten Fragen des Sports immer notwendiger wird, erfolgt seit Mitte 1977 durch die damals gebildete Konferenz der Sportminister der Länder (Sportministerkonferenz). An den Beratung der Sportministerkonferenz nehmen auch der Bundesminister des Innern und die Vertreter der kommunalen Spitzenverbände teil. Alle Tagesordnungspunkte der Konferenz werden in einem sogenannten Spitzengespräch zwischen dem Präsidium der Konferenz und dem Präsidium des Deutschen Sportbundes vorher besprochen und, wenn möglich, abgestimmt. Die Sportministerkonferenz hat sich als ein wirksames Instrument der Koordinierung von Sportförderungsmaßnahmen in den Ländern erwiesen. In einer Reihe wichtiger Beschlüsse hat die Sportministerkonferenz Leitlinien für die Förderung des Sports in den Ländern erlassen. Sie hat Empfehlungen erarbeitet zur Steuergesetzgebung, zur Förderung der Tätigkeit von Übungsleitern, zum Sportstättenbau, zu energiesparenden Maßnahmen im Sportstättenbau, zur Vereinshilfe, zur Förderung besonderer Zielgruppen und zum Bereich Sport und Umwelt.

Auf der Landesebene haben die meisten Bundesländer Landessportkonferenzen oder Landessportbeiträge gebildet, in denen staatliche und kommunale Stellen sowie die Vertreter der Parteien mit Vertretern der Sportselbstverwaltung gemeinsam interessierende Fragen des Sports auf Länderebene erörtern. Die wichtigste Aufgabe der Landessportkonferenzen bzw. der Landessportbeiräte ist es, Entscheidungen in den Ministerien des Landes bzw. in den jeweiligen Sportbünden oder Spitzenfachverbänden mit vorzubereiten. Sie geben Empfehlungen an verschiedene Behörden und Spitzenverbände und tragen so zu einer Meinungsbildung auf breiter Grundlage bei.

Nachdem ich die Inhalte und Voraussetzungen der öffentlichen Förderung des Sports in etwa umfassend behandelt habe, möchte ich anhand konkreter gesetzlicher bzw. behördlicher Bestimmungen noch ganz kurz schildern, wie z. B. die Förderung eines Sportstättenvorhabens in einem Land wie dem Land Rheinland-Pfalz vor sich geht.

Der Antrag auf Zuschuß zu einer Baumaßnahme wird an die Landesregierung gerichtet. Er geht über die Gemeinde an den Landkreis.

Dort werden alle aus dem Landkreis vorliegenden Zuwendungsanträge der Gemeinden und Vereine (beide kommen als Bauträger in Betracht) gesammelt. Der beim Kreis gebildete Sportstättenbeirat legt die Prioritäten fest und legt die Kreisförderungsliste der zuständigen Bezirksregierung vor.

Diese wiederum sammelt alle Kreisförderungslisten, prüft Vollständigkeit und Richtliniengemäßheit der Antragsunterlagen, überprüft die Angemessenheit der Kosten, die Umweltverträglichkeit der Maßnahme etc. und legt dann den Bezirksförderungsplan – nach Landkreisen gegliedert – dem zuständigen Ministerium vor, das in einem Abschlußgespräch mit den Bezirksregierungen die Förderungsquoten sowie die Zahl der zu fördernden Maßnahmen festlegt.

Mit Vorplanung, Planberatungen sowie den sonstigen Vorarbeiten dauert das Verfahren vom Beschluß eines Bauträgers an ca. 1 1/2 bis 2 Jahre.

In gleicher oder ähnlicher Form geschieht dies auch in anderen Bundesländern. Die Unterschiede habe ich schon versucht, aufzuzeigen. Sie liegen, um es noch einmal zu erwähnen, in erster Linie in unterschiedlichen Kompetenzen, in unterschiedlichen Formen der Finanzierung (Sport-Toto-Gesellschaften, Landeshaushalte etc.). Mit diesem Beispiel will ich es bewenden lassen; ich nehme an, ich habe Stoffe für eine Diskussion auch dadurch geliefert, daß ich in meinem Referat Lücken gelassen habe, in die Sie nun bitte hineinstoßen wollen.

Rechtsprobleme der Subventionierung des Sports

Von Peter J. Tettinger

Daß sich in einer pluralistischen Gesellschaft wie der bundesdeutschen zu einem Phänomen wie dem des Sports ganz unterschiedliche Einschätzungen vernehmen lassen, kann kaum überraschen. Das Spektrum der diesbezüglichen Empfindungen der Bürger dürfte von einem bestimmt-distanzierten „no sports" (á la Winston Churchill) über die Haltung eines passiven, aber immerhin interessierten Fernsehsesselsportlers hinüberreichen zum Feierabend-Fußballer, dem joggenden Trimm-Traber und der modischen Tennis-Mutti, bis hin zum durchtrainierten Leistungssportler und zum vielumschwärmten Spitzenathleten (á la Boris Becker). In breiten Kreisen der Bevölkerung (nach jüngsten Zahlen [1] treiben etwa 20 Millionen Deutsche in rund 64 000 dem Deutschen Sportbund zugehörigen Vereinen Sport) jedenfalls gilt der unlängst süffisant-aggressiv vorgetragene Schlachtruf eines Pop-Songs: „Es lebe der Sport; er ist gesund und macht uns hart".

Sportliche Betätigung wie sportliche Enthaltsamkeit sind – um zum juristischen Sprachgebrauch überzuwechseln – Elemente der grundrechtlich abgesicherten freien Entfaltung der Persönlichkeit (Art. 2 Abs. 1 GG). Gemeinsame sportliche Aktivitäten im Rahmen eines Vereins und deren Zusammenschlüsse in Sportverbänden genießen den Schutz der Vereinigungsfreiheit (Art. 9 Abs. 1 GG). Dient sportliche Hochleistung dem Broterwerb, so ist der Schutzbereich der Berufsfreiheit (Art. 12 Abs. 1 GG) tangiert. Die Welt des Sports mit ihren spielerischen, fitness- und leistungsbezogenen Elementen ist mithin anscheinend verfassungsrechtlich klar verortet, und zwar im Bereich individueller und kollektiver Freiheitsausübung [2], ohne daß dem Staat auf diesem Felde – darüber orientiert ein Blick in die ansonsten wohlgefüllten Kompetenzkataloge des Grundgesetzes, in denen der Sport an keiner Stelle erwähnt wird [3], – erkennbar Aufgaben zufielen. Bei den Bildungs- und Erziehungszielen der Landesverfassungen [4] ist immerhin die Rede von der Erziehung der Kinder zu leiblicher Tüchtigkeit (Art. 126 Abs. 1 bay.Verf.; Art. 25 Abs. 1 rh.pf.Verf.; siehe auch

---

* Für seine Unterstützung bei der Erstellung dieses Beitrages habe ich Herrn Referendar *Uwe Ganzer* zu danken.
1 Siehe woche im bundestag (wib) 11/1986, S. 49.
2 Dazu namentlich *K. Stern,* Grundrechte der Sportler, in: Schroeder/Kauffmann, Sport und Recht, 1972, S. 142 ff.
3 Vgl. bereits *U. Steiner,* DÖV 1983, 173 f., mit rechtsvergleichenden Hinweisen.
4 Zu ihnen näher *P. J. Tettinger,* in: Starck/Stern (Hrsg.), Landesverfassungsgerichtsbarkeit, 1983, Bd. III, S. 306 ff.; *P. Häberle,* Erziehungsziele und Orientierungswerte im Verfassungsstaat, 1981, S. 47 ff.

Art. 55 Abs. 1 hess.Verf.) – allerdings dort nur formuliert als Recht und Pflicht der Eltern – und – in Hervorhebung eines Aspektes öffentlicher Fürsorge – vom Schutz der Jugend gegen körperliche Verwahrlosung (Art. 126 Abs. 3 bay.Verf.; Art. 25 Abs. 2 Satz 1 rh.pf.Verf.; siehe auch Art. 13 Satz 1 bd.wtt.Verf.; Art. 25 Abs. 1 brem. Verf.; Art. 25 Abs. 1 saarl.Verf.), der durch staatliche und gemeindliche Maßnahmen und Einrichtungen erfolgen soll, gegebenenfalls auch unter Mitwirkung von Verbänden der freien Wohlfahrtspflege. Art. 83 Abs. 1 bay.Verf. führt schließlich noch die „körperliche Ertüchtigung der Jugend" als Angelegenheit des eigenen Wirkungskreises der Gemeinden auf. Alle diese Bestimmungen beziehen sich jedoch ersichtlich nur auf Jugendliche. Beim Erwachsenen fehlt dem Staat – abgesehen von bestimmten Gruppen des öffentlichen Dienstes wie Soldaten oder Polizisten mit Blick auf ihren speziellen, den Einsatz körperlicher Leistungskraft einschließenden Auftrag – augenscheinlich das Mandat für Initiativen zur Leibesertüchtigung. Er hat eben in einer freiheitlichen Ordnung nicht die Aufgabe, seine Bürger zu „bessern"; Zwangsmaßnahmen in dieser Richtung – in welcher Form und mit welch hehrer konkreter Zielsetzung auch immer – scheiden ohnehin als verfassungswidrig aus[5]. Womit aber läßt sich dann bei solchem verfassungsexegetischen Negativbefund eine staatliche Sportförderung legitimieren? Bevor hierauf eingegangen wird, sei vorab ein kurzer Blick auf die aktuelle Situation, nämlich auf die Träger, die Formen und den Umfang der heutigen Subventionierung des Sports in der Bundesrepublik Deutschland geworfen, der – gewissermaßen als Kontrastprogramm zu vorstehend angedeuteter Skepsis – aufzeigt, in welchem Maße es sich bereits um eine gewohnte Staatspraxis handelt.

I. Versuch einer Situationsanalyse

Einen einigermaßen verläßlichen Überblick über das Ausmaß der Sportförderung durch die öffentliche Hand zu gewinnen, begegnet erheblichen Schwierigkeiten. Dieses für das Subventionswesen generell kennzeichnende Manko – etwa bei der Wirtschaftsförderung spricht man trotz der in zweijährigem Turnus auf Bundesebene gemäß § 12 Abs. 2 u. 3 StabG zu erstellenden Subventionsberichte[6] von einem Spezialitäten-Dschungel, von „Subventionismus[7]" und „Subventionitis" – verschärft sich im Bereich der Sportförderung noch dadurch, daß einheitliche Parameter für den Vergleich entsprechender Leistungen des Bundes, der Länder und der Kommunen augenscheinlich noch fehlen. Auf Bundesebene gibt es immerhin seit 1970 die in regelmäßiger Folge publizierten

---

5 BVerfGE 22, 180 (219f.).
6 Siehe zuletzt den Zehnten Subventionsbericht von September 1985 (BT-Dr. 10/3821).
7 *P. Badura,* in: I.v.Münch, Bes. Verwaltungsrecht, 7. Aufl. 1985, S. 294; vor ihm bereits *H. P. Ipsen,* VVDStRL 25 (1967), S. 258.

Sportberichte der Bundesregierung[8], worin die Leistungen des Bundes einigermaßen detailliert aufgelistet sind. Für den Bereich der Förderung durch die Länder ist eine vergleichbare Transparenz derzeit nur partiell erreichbar[9]; vollends undurchsichtig wird die Hilfestellung auf kommunaler Ebene. Selbst der Zusammenschluß der Zuwender und der Begünstigten, die Deutsche Sportkonferenz[10], die es sich mit zur Aufgabe gesetzt hatte, die Maßnahmen zur Förderung des Sports zu koordinieren[11], mußte auf Grund der Tatsache, daß sportspezifische Förderungsmittel durchweg unter allgemeinen Haushaltstiteln veranschlagt werden, bei dem Versuch einer Gesamtdarstellung kapitulieren[12].

Die Größenordnung der fraglichen Summen muß jedoch beträchtlich sein. Bezogen auf das Jahr 1978 war bereits von einem Gesamtvolumen staatlicher Förderung in Höhe von mehr als 5 Mrd. DM die Rede, aufgeteilt auf Länder (2 Mrd. DM), Kommunen (3 Mrd. DM) und Bund (mit vergleichsweise bescheidenen 229 Mio. DM)[13]. Eine Haushaltsübersicht über die Sportförderungsmittel des Bundes für 1986, die in zehn verschiedenen Ressorts eingestellt sind, weist rund 271 Mio. DM aus[14]. Unterstützt wird dabei ein breites Spektrum von Organisationen (im Wege institutioneller Förderung) und Maßnahmen (im Wege der Projektförderung), wie etwa

- der Deutsche Sportbund und das Nationale Olympische Komitee für Deutschland,
- die Bundessportfachverbände (vom Aeroverband über Judo, Karate und Taekwondo, Schach und Sportfischen zum Tanzsport und Wasserski),
- der Hochleistungssport in Bundeswehr und Bundesgrenzschutz,
- die Beschäftigung von Bundestrainern,
- sportmedizinische Maßnahmen einschl. Dopingbekämpfung,
- Talentsuche und Talentförderung,
- der Sportstättenbau (im Rahmen der Zonenrandförderung dabei mit Lehrschwimmbecken in Baden-Württemberg, Kegelbahnen in Bayern, Sporthei-

---

8 Erster bis Fünfter Sportbericht der Bundesregierung: 1. v. 28. 8. 1970, BT-Dr. VI/1122; 2. v. 23. 9. 1973, BT-Dr. 7/1040; 3. v. 21. 1. 1976, BT-Dr. 7/4609; 4. v. 3. 8. 1978, BT-Dr. 8/2033; 5. v. 1. 9. 1982, BT-Dr. 9/1945 (jeweils separat in Buchform publiziert vom Bundesminister des Innern, Ref. Öffentlichkeitsarbeit; nachfolgende Zitate beziehen sich auf diese Publikationen).
9 Vgl. immerhin den Ersten Sportbericht der Landesregierung Nordrhein-Westfalen v. 30. 10. 1980, nw. LT-Dr. 9/188.
10 Zur Organisation vgl. *K. Gieseler,* Der Sport in der Bundesrepublik Deutschland, 1983, S. 223 f.
11 So Geschäftsordnung der Deutschen Sportkonferenz, abgedruckt im 4. Sportbericht der Bundesregierung, a. a. O., Anhang 7.
12 Beschluß vom 1. 9. 1981 der Deutschen Sportkonferenz, zit. im 5. Sportbericht, a. a. O., S. 7.
13 So *H. Geißler,* in: CDU-Bundesgeschäftsstelle (Hrsg.), Sportförderung – eine öffentliche Aufgabe?, Dokumentation zum Sportkongreß der CDU am 23./24. 10. 1979 in Bonn, 1979, Vorwort, S. XII; vgl. auch *Th. Mathieu,* Städtetag 1980, 287.
14 Woche im bundestag (wib) 17/85, S. 17.

men und Umkleiden in Niedersachsen sowie dem Holzboden für eine Turnhalle in Schleswig-Holstein)[15],
- die Sportwissenschaft (mit dem Bundesinstitut für Sportwissenschaft und Forschungsprojekten wie „Sportfunktionelle Eigenschaften von Tennisplatz-Belägen", „Objektive Kenndaten für Böden von Squash-Hallen" und „Geräuschimmissionen durch Schießstände")[16],
- der Behindertensport,
- der Jugendsport,
- der Schul- und Hochschulsport,
- der Dienst- und Ausgleichssport bei Institutionen des Bundes,
- innerdeutsche und internationale Sportbeziehungen

sowie mittelbare Hilfen, etwa steuerliche Vergünstigungen oder das Zurverfügungstellen von Geldern aus den Zuschlägen von Sonderpostwertzeichen[17].

Allein das Land Nordrhein-Westfalen hat ausweislich des 7. Landessportplans[18] im Jahre 1985 eine fast ähnlich hohe Summe zur Förderung des Sports veranschlagt, nämlich mehr als 214 Mio. DM. Gefördert wurden durch das Land

- der Sport im Bildungsbereich (mit Schul- und Hochschulsport),
- der Vereins- und Verbandssport (mit Förderung des Luft- und Reitsports sowie Zuschüssen an die DLRG),
- der Sportstättenbau (mit Zuweisungen an die Gemeinden sowie Zuschüssen an Sonstige für Bau, Modernisierung und Erweiterung von Sportstätten, daneben auch für die Errichtung von Reitwegen) und
- sonstige Maßnahmen (wie Zuschüsse zur Durchführung von nationalen und internationalen Meisterschaften in NW und an Verbände zur Unterhaltung von Leistungszentren sowie Beschaffung von Sportgeräten für den Polizeisport).

Auf kommunaler Ebene ist ein breites und vielfältiges Spektrum von Maßnahmen zur Sportförderung zu beobachten[19]. Die Unterstützung gilt vor allem dem Breiten- und Freizeitsport und zwar in erster Linie durch Sportstättenbau und -unterhaltung, aber auch durch Förderung der Leistungskraft der örtlichen Vereine. Daneben richtet sich die Aufmerksamkeit der Kommunen durchaus auch auf den Leistungssport.

---

15 Vgl. 5. Sportbericht, S. 54f.
16 Ebda, S. 70.
17 Dazu ebda, S. 123.
18 Beilage 5 zu Einzelplan 05 des Landeshaushalts für das Haushaltsjahr 1985.
19 Vgl. dazu etwa Arbeitsgemeinschaft Deutscher Sportämter (Hrsg.), Gemeinde und Sport, Jahrbuch 1984/85, 1984; *E. Blank*, in: Der Sport in der Bundesrepublik Deutschland, S. 177 ff.; *Th. Mathieu,* Sport und Freizeit, in: Handbuch der kommunalen Wissenschaft und Praxis (HKWP), Bd. 4 (1983), S. 437 ff.

II. Sportförderung als Staatsaufgabe?

Bereits diese auf spotlights beschränkte Bestandsaufnahme verdeutlicht, daß eine umfängliche und breit angelegte Förderung des Sports in praxi, und dies schon seit langem, als kontinuierliche Aufgabe des staatlichen Gemeinwesens auf allen Ebenen verstanden wird, ohne daß hierfür ein spezifizierter Verfassungsauftrag nachweisbar wäre. Zu Recht haben aber *Stern*[20], *Burmeister*[21] und *Steiner*[22] bereits die Förderung des Sports als hierzulande politisch allgemein akzeptierte Staatsaufgabe herausgestellt. Dem Staat ist es in der Tat – soweit nicht verfassungsrechtliche Barrieren dies blockieren – nicht verwehrt, sich um die Realisierung von Zielsetzungen und die Wahrnehmung von daraus resultierenden Aufgaben zu kümmern, deren Gemeinwohlrelevanz erkannt wurde und die darum als „öffentliche Aufgaben[23]" apostrophiert werden. Dies hat das Bundesverfassungsgericht mehrfach bestätigt, namentlich im Zusammenhang mit der Schaffung öffentlich-rechtlicher Körperschaften mit Zwangsmitgliedschaft[24], und dabei insbesondere dem demokratisch legitimierten Gesetzgeber ein weites Ermessen zugestanden.

Wenn aber sportliche Betätigung, wie in § 1 Abs. 1 Satz 2 des brem. Sportförderungsgesetzes[25] niedergelegt und gemeinhin anerkannt,

– Gesundheit und Leistungsfähigkeit fördern und erhalten,
– soziale Grunderfahrung vermitteln,
– die Freizeit aktiv gestalten helfen,
– zur Erziehung und Bildung beitragen sowie
– soziale Integration der unterschiedlichen Bevölkerungsgruppen ermöglichen

soll, so sind damit hinreichende Gemeinwohlaspekte aufgezeigt, die staatliche Sportförderung als eine öffentliche Aufgabe legitimieren[26].

Angesichts der grundrechtlichen Absicherungen für den einzelnen Sportler, seinen Verein und seinen Verband kann es dabei freilich niemals um eine Verstaatlichung des bundesdeutschen Sportwesens gehen, sondern allein um staatliche Hilfestellung im Sinne des Subsidiaritätsgedankens und unter Respektierung

---

20 In: Sport und Recht, 1972, S. 142 f.
21 DÖV 1978, 4.
22 DÖV 1983, 173.
23 Zu dieser Formel *P. J. Tettinger*, Zum Tätigkeitsfeld der Bundesrechtsanwaltskammer, 1985, S. 69 f. m. w. N.
24 Vgl. BVerfGE 10, 89 (102); 10, 354 (363 ff.); 15, 235 (240 f.); 32, 54 (64 f.); 33, 125 (159 f.); 38, 281 (299).
25 Vom 5. 7. 1976 (GBl. S. 173).
26 So denn auch § 52 Abs. 2 Ziffer 2 AO und § 2 rh.pf. Sportförderungsgesetz (SportFG) v. 9. 12. 1974 (GVBl. S. 597). – Vgl. ferner den Tenor der Beiträge in der oben in Fn. 13 aufgeführten Dokumentation der CDU: „Sportförderung – eine öffentliche Aufgabe?".

der grundsätzlichen Eigenverantwortung des Sports und seiner privaten Trägerorganisationen[27].

Die somit rein theoretische Frage, ob es in Anbetracht des augenscheinlich hohen Einsatzes öffentlicher Mittel nicht sinnvoller wäre, wenn der Staat mit seinem Verwaltungsapparat von der bloßen Rolle des Mäzens in die des Organisators schlüpfte, ist auch mit Blick auf die tatsächlichen Verhältnisse ohnehin eher rhetorischer Art. Angesichts hunderttausender aktiver ehrenamtlicher Helfer in Vereinen und Verbänden[28] – und darin eingeschlossener privater Sachkompetenz – ist es schon faktisch ausgeschlossen, daß der Sport in der Bundesrepublik Deutschland in Staatsregie übernommen wird[29]. Lediglich in einigen wenigen Bereichen, wie etwa im Schul- und Hochschulsport, im Militärsport sowie im Dienst- und Ausgleichssport[30], dominieren traditionell – und dort denn auch eindeutig[31] verfassungsrechtlich legitimiert – staatliche Organisation und Gestaltung.

III. Kompetenzaufteilungen im föderalistischen Staat

Im gegliederten Bundesstaat mit verfassungsrechtlich gewährleisteter kommunaler Selbstverwaltung erweist es sich stets als ratsam, sich vorab bestehender kompetentieller Grenzziehungen zu vergewissern, auch wenn es um „bloße" Förderungszuständigkeiten geht. Schließlich erinnert die Lastenverteilungsregel des Art. 104a Abs. 1 GG nachdrücklich daran, daß, soweit das Grundgesetz nicht anderes bestimmt, der Bund und die Länder gesondert die Ausgaben tragen, die sich aus der Wahrnehmung ihrer Aufgaben ergeben. Damit ist im Bund-Länder-Verhältnis die Konnexität von Aufgaben- und Ausgabenverantwortung, die nicht nur für die Gesetzesausführung, sondern auch für die sog. gesetzesfreie Verwaltung gilt, deutlich herausgestellt[32].

1.

Die zentrale Zuständigkeit für den Gesamtbereich der Kulturpflege, dem auch der Sport zuzurechnen ist, liegt nach der grundgesetzlichen Kompetenzvertei-

---

27 So bereits deutlich *U. Steiner,* a.a.O., S. 175f.
28 Zahlenangaben hierzu in: Deutscher Sportbund (Hrsg.), Sport in der Bundesrepublik Deutschland, 12. Aufl. 1986, S. 6.
29 Siehe auch *H. Geißler,* a.a.O. (Fn. 13), S. XIII.
30 Dazu näher 5. Sportbericht der Bundesregierung, S. 64ff., 91ff., 101ff., 109ff.
31 Vgl. aus dem Grundgesetz die Art. 7 Abs. 1, 12a Abs. 1, 33 Abs. 5, 87a, aus den Landesverfassungen mannigfache Aussagen zu Bildung und Schule (wie in Art. 128ff. bay.Verf., Art. 7ff. nw.Verf.).
32 Vgl. *H. Fischer-Menshausen,* in: I. v. Münch, GG-Komm., Bd. 3, 2. Aufl. 1983, Art. 104a Rdnr. 3; *Schmidt-Bleibtreu/Klein,* GG-Komm., 6. Aufl. 1983, Art. 104a Rdnr. 3.

lung (Art. 30, 70 Abs. 1 GG) bei den Ländern, was dem Grunde nach auch vom Bund nicht bestritten wird[33].

So nehmen denn auch die Länder vielfältige Aufgaben im Sinne einer Sportförderung wahr, wie eingangs mit Blick auf den nordrhein-westfälischen Landessportplan immerhin angedeutet werden konnte.

2.

Die verfassungsrechtliche Garantie der kommunalen Selbstverwaltung (Art. 28 Abs. 2 GG), die den Gemeinden das Recht zuerkennt, alle Angelegenheiten der örtlichen Gemeinschaft im Rahmen der Gesetze in eigener Verantwortung zu regeln, und auch den Gemeindeverbänden auf der überörtlichen Ebene das Recht der Selbstverwaltung zubilligt, bezieht auch den Bau von entsprechenden Bedarf befriedigenden Sportstätten (wie Hallenbäder, Turnhallen, Stadien) und die Förderung des örtlichen[34] bzw. kreisorientiert[35] überörtlichen Sportbetriebs mit ein. Soweit nicht gesetzliche Vorgaben bestehen, handelt es sich hierbei um eine freiwillige Selbstverwaltungsaufgabe, d. h. das „Ob" und das „Wie" der Wahrnehmung liegt im kommunalen Ermessen.

Bedenkt man, daß in zunehmendem Maße als mitentscheidend für die Anziehungskraft von Städten und Gemeinden — und damit zugleich für ihre Attraktivität als Standort für Wirtschaftsunternehmen — ihre Ausstattung mit Freizeiteinrichtungen und -möglichkeiten gehalten wird, so erschließt sich das breite Spektrum dieser Aufgabenstellung. Die Reichweite der diesbezüglichen Förderungskompetenzen (vom Reitweg über die Tennisanlage bis zum 18-Loch-Golfplatz[36]) läßt sich etwa kommunalaufsichtlicherseits kaum effizient eingrenzen, solange nur der notwendige örtliche bzw. kreisorientiert-überörtliche Bezug besteht. Selbst in ihrer Wirkung über diesen Bezugsrahmen hinausreichende sportliche Einrichtungen und Aktivitäten, denen landes-, bundesweite oder gar internationale Beachtung zukommt (wie die Veranstaltung von Europameisterschaften, der Bau und die Unterhaltung von Stadien, die in erster Linie durch einen Verein der Fußball-Bundesliga genutzt werden, oder die Unterstützung dieser Clubs), sind aus kommunaler Sicht vor diesem Hintergrund von der kompetenzrechtlichen Seite her durchaus noch förderungsfähig und -würdig[37].

---

33 Vgl. 5. Sportbericht, S. 11.
34 Zur gemeindlichen Sportförderung siehe etwa *H. Mattner*, Städte- und Gemeindebund 1983, 135 ff.
35 Siehe dazu die Empfehlungen des Deutschen Landkreistages zur Sportförderung der Kreise, der landkreis 1982, 299.
36 Zum aktuellen Diskussionsstand *B. Happe*, Städtetag 1986, 15 ff.; ferner *ders.*, Städtetag 1979, 134 ff.
37 So auch *U. Steiner*, in: HKWP, Bd. 6 (1985), S. 681 (mit Fn. 84).

3.

Nicht unbeträchtliche Schwierigkeiten bereitet die genaue Konturierung der Sportförderungszuständigkeiten des Bundes. Von Länderseite wurde wiederholt der Vorwurf erhoben, der Bund gehe in der Praxis über die ihm gezogenen verfassungsrechtlichen Grenzen hinaus[38]. Bundeskompetenzen können mit Blick auf Art. 30, 70 Abs. 1 und 104a Abs. 1 GG zunächst einmal überhaupt nur für *Teil*gebiete des Sports anerkannt werden, und zwar[39]

- aus Art. 32 Abs. 1 GG für die Pflege der Beziehungen zu auswärtigen Staaten,

  Hier geht es in erster Linie um internationale Sportbeziehungen einschließlich der sportbezogenen Entwicklungshilfe[40].

- aus Art. 91a GG für die dort aufgeführten Gemeinschaftsaufgaben des Ausbaus und Neubaus von Hochschulen[41] (Nr. 1) und der Verbesserung der regionalen Wirtschaftsstruktur (Nr. 2),

  Unter letzterem Blickwinkel unterstützt der Bund etwa Kommunen beim Ausbau ihrer infrastrukturellen Ausstattung zugunsten des Fremdenverkehrs (Bau von Kunsteisbahnen und Badeseeanlagen)[42].

- aus Art. 91b GG auf der Grundlage von Vereinbarungen zwischen Bund und Ländern für die Bildungsplanung und die überregionale Forschungsförderung,

  Durch Einbeziehung des Sports in den Bildungsgesamtplan wurden Modellversuche und Projekte der Bildungsforschung im Bereich des Sports gefördert[43].

- aus der Investitionshilfe-Ermächtigung des Art. 104a Abs. 4 GG für Finanzhilfen im Zusammenhang mit § 71 des Städtebauförderungsgesetzes.

  Zu den dort aufgeführten Sanierungs- und Entwicklungsmaßnahmen zählt auch die Schaffung von Sportanlagen[44].

---

38 Siehe nur Bundesrat, Stellungnahmen zum 4. Sportbericht vom 16. 2. 1979, BR-Dr. 355/78 (Beschluß), S. 2f., 9, und zum 5. Sportbericht vom 17. 12. 1982, BR-Dr. 352/82 (Beschluß), S. 4, 10; Erster Sportbericht der Landesregierung NW, LT-Dr. 9/188, S. 13.
39 Siehe die Auflistung im 5. Sportbericht der Bundesregierung, S. 11.
40 Dazu der 5. Sportbericht, S. 129 ff.
41 Die ursprüngliche Begrenzung auf „wissenschaftliche" Hochschulen wurde 1970 wieder aufgehoben, so daß auch Sporthochschulen einbezogen werden können; vgl. *Th. Maunz*, in: Maunz-Dürig, Grundgesetz, Komm. (Stand: 24. Lfg. 1985), Art. 91a Rdnr. 26.
42 5. Sportbericht, S. 57.
43 Ebda, S. 94. Nur dieser Kompetenztitel erlaubt dem Bund eine Beteiligung an den Unterhaltungskosten von Sporthochschulen; vgl. *Th. Maunz*, a.a.O., Art. 91a Rdnr. 33.
44 Vgl. § 1 Abs. 2 i. V. m. § 12 Abs. 1 Nr. 2 StBauFG („Gemeinbedarfseinrichtungen"; dazu *Schlichter/Stich/Krautzberger*, StBauFG, Komm., 2. Aufl. 1985, § 12 Rdnr. 19) und § 1 Abs. 3 i. V. m. §§ 53ff. StBauFG; ablehnend allerdings unter Berufung auf fehlenden Bezug zur Wirtschaftsförderung *Th. Maunz*, a.a.O., Art. 104a Rdnr. 51.

Darüber hinaus reklamiert der Bund für sich in wichtigen sportrelevanten Sachbereichen ungeschriebene Finanzierungszuständigkeiten aus der Natur der Sache und kraft Sachzusammenhangs[45]. Hierbei bezieht sich die Bundesregierung auf den von einer Bund/Länder-Verhandlungskommission erarbeiteten Entwurf einer Verwaltungsvereinbarung über die Finanzierung öffentlicher Aufgaben von Bund und Ländern, das sog. Flurbereinigungsabkommen, aus dem Jahre 1971[46], das jedoch bislang nicht zu einem wirksamen Abschluß geführt wurde, und nimmt entsprechende Finanzierungsbefugnisse vor allem für folgende Fallgruppen[47] in Anspruch:

- gesamtstaatliche Repräsentation (z. B. Förderung der Olympischen Spiele, von Welt- und Europameisterschaften sowie der Teilnahme bundesdeutscher Mannschaften hieran),
- gesamtdeutsche Aufgaben (z. B. innerdeutscher Sportverkehr[48], Sportstättenbau im Zonenrandgebiet gemäß § 6 Abs. 1 des Zonenrandförderungsgesetzes, wo unter den sozialen Einrichtungen ausdrücklich auch Sportstätten aufgeführt sind),
- Förderung von Maßnahmen nichtstaatlicher zentraler Organisationen, die für das Bundesgebiet als Ganzes von Bedeutung sind und durch ein Land allein nicht wirksam unterstützt werden können[49] (so. z. B. DSB, NOK, Bundessportfachverbände),
- ressortzugehörige Funktionen (z. B. Forschungsvorhaben im Bereich des Behindertensports oder des Sportstättenbaus).

Des weiteren fördert der Bund den Sport in seinem eigenen Dienstbereich, namentlich bei Bundeswehr, Bundesgrenzschutz, Bundesbahn und Bundespost.

Daß internationale Erfolge bundesdeutscher Sportler oder Mannschaften trotz prinzipieller Eigenverantwortlichkeit und Staatsfreiheit des Sports hierzulande auch der „gesamtstaatlichen Repräsentation" dienen (erinnert sei nur an journalistische Epitheta ornantia wie „Unsere Gold-Rosi", „Reitet für Deutschland", „Kaiser Franz" oder „Bomber der Nation" sowie bundespräsidiale Auszeichnungen[50] und Ermunterungen im Stile eines „Nun siegt mal schön!") und

---

45 Vgl. 5. Sportbericht, S. 11.
46 Dazu im Überblick *Th. Maunz,* in: Maunz-Dürig, Grundgesetz, Komm., Art. 104a Rdnr. 16; vgl. auch den Entwurf eines Finanzreformgesetzes vom 30. 4. 1968, BT-Dr. V/2861, Tz. 75 f.; ferner *W. Maihofer,* in: Benda/Maihofer/Vogel, Hdb. des Verfassungsrechts, 1983, S. 981 f.
47 Siehe 5. Sportbericht, S. 12.
48 Eine neuen Anstoß dürfte insoweit Art. 10 des am 6. 5. 1986 geschlossenen Abkommens über kulturelle Zusammenarbeit („Die Abkommenspartner fördern die Zusammenarbeit auf dem Gebiet des Sports") bedeuten; vgl. Bulletin, Nr. 48 v. 7. 5. 1986, S. 406 ff.
49 Ähnlich § 1 Abs. 2 des österreichischen Bundes-Sportförderungsgesetzes v. 12. 12. 1969 (BGBl. 1970 S. 331); vgl. auch die Formulierungen in BVerfGE 22, 180 (217).
50 Siehe den Erlaß über die Stiftung des Silbernen Lorbeerblattes vom 24. 3. 1964 (BGBl. I S. 242).

staatliche Förderung des Hochleistungssports darum nicht nur wegen deutlich beobachtbarer Impulse für den Breitensport, sondern auch unter dem Blickwinkel einer „Selbstdarstellung des Staates" und „Staatspflege" legitimierbar ist, dürfte inzwischen weithin anerkannt sein[51]. Die Frage ist nur, in welcher Extension im Vorfeld solcher Ereignisse und zu ihrer planhaft-systematischen Vorbereitung vom Bund Aktivitäten „nach innen" entfaltet werden dürfen[52].

Von den Ländern wegen solcher und diverser weiterer Initiativen verstärkt unter Beschuß genommen, hat sich der Bund immerhin zwischenzeitlich aus – wie es die Bundesregierung nennt – Randbereichen seiner Zuständigkeiten zurückgezogen, so etwa aus der Förderung der Sportfilmtage Oberhausen[53], wobei freilich offen bleiben mag, ob dies besserer Einsicht wegen oder unter dem Diktat leerer Kassen geschah. Deutliche verfassungsrechtliche Fragezeichen sind freilich auch heute noch namentlich mit Blick auf entsprechende Landesaktivitäten, wie sie etwa in § 11 Abs. 1 Ziffern 3 und 5 berl. SportFG und § 10 Abs. 2 Ziffern 3 und 6 brem. SportFG ausdrücklich aufgeführt sind, angebracht bei Themen wie

– Modellförderung auf Vereinsebene[54],

   Inwieweit nun gerade der Sportkindergarten der Freiburger Turnerschaft[55] der Förderung *des Bundes* bedarf, erscheint jedenfalls nicht unmittelbar eingängig.

– Talentsuche und Talentförderung[56].

Weder die Förderung von Sportinternaten für schulpflichtige Kinder und Jugendliche[57] noch die Stützpunktförderung von Sportlern des D-Kaders kann derzeit auf einen ausreichenden Anknüpfungspunkt für eine Bundeskompetenz rekurrieren. Auch der Bundeswettbewerb der Schulen „Jugend trainiert für Olympia" vermag als Mannschaftswettbewerb sei-

---

51 Vgl. *K. Stern,* Staatsrecht, Bd. I, 1984, S. 283 (m. w. N. in Fn. 53). Siehe auch die Bemerkungen des Bundesministers des Innern, *F. Zimmermann,* in: Bulletin, Nr. 97 v. 13. 9. 1985, S. 852.
52 Siehe diesbezüglich den Ersten Sportbericht NW, S. 14 f.: „Aufgaben von eindeutig national-repräsentativer Bedeutung, die eine deutliche Zuordnung zum Bereich der Aufgabenwahrnehmung durch den Bund erkennen lassen und der Zuständigkeit der Länder von vornherein entrückt sind."
53 Siehe 5. Sportbericht, S. 12.
54 Siehe dazu Br-Dr. 355/1/78 v. 30. 1. 1979, S. 9 u. BR-Dr. 355/78 (Beschluß), S. 9; Bundesrat, 469. Sitzung v. 16. 2. 1979, Sten. Berichte, S. 38 f. (TOP-Nr. 20/1979). – Zum Überblick über die hierbei geförderten Projekte siehe 4. Sportbericht, Anhang 10, S. 174 f.
55 Ebda, S. 174 (sub A).
56 Dazu 5. Sportbericht, S. 40 ff. – *Th. Mathieu,* Städtetag 1982, 197 spricht diesbezüglich lapidar von einer Aufgabe „des Bundes und der Länder".
57 Als Förderungsziel wird im Leistungssportprogramm der Bundesregierung (in: 5. Sportbericht, S. 150 ff.) unter 2.2.3 verschämt angegeben: „koordinierte sportliche, persönliche und ggfls. schulische Betreuung von Hochleistungssportlern in Internaten."

ner Zielsetzung nach[58] allenfalls als Ausfluß einer kooperativen Wahrnehmung der das Schulfach „Sport" einschließenden Bildungskompetenzen der Länder vor der Verfassung zu bestehen[59].

In Ansehung des allgemein gültigen Gebots, mit Rücksicht auf die geschriebene Kompetenzordnung „ungeschriebene" bzw. „stillschweigend mitgeschriebene" Bundeszuständigkeiten[60] äußerst restriktiv zu fassen[61], ist einer Bundesförderung namentlich in den zentrale Länderkompetenzen berührenden Bereichen des Schulsports, des Breitensports und des Freizeitsports mit besonderer Zurückhaltung zu begegnen. Das Grundgesetz geht von einer prinzipiellen Trennung der Kompetenzräume von Bund und Ländern aus und blockiert − soweit nicht ausdrücklich vorgesehen − eine Mischverwaltung[62]. Quotenregelungen bei der Sportförderung, wie sie etwa in den für Bundesleistungszentren maßgeblichen Verwaltungsvorschriften des Bundes auftauchen[63], sind daher nicht ohne Skepsis zu betrachten[64]. Die verfassungsrechtlich dem Bund auferlegte Argumentationslast verlangt für jedes Förderungsprojekt einen detaillierten Nachweis des originären Bundesinteresses bzw. des konkreten Zusammenhangs mit geschriebenen Kompetenzen. Ist aber dieser Nachweis geführt, so sollte der Bund dann auch konsequenterweise die alleinige Förderung übernehmen.

Da dem Sport immer neue Bereiche zuwachsen, ist zukünftiger Konfliktstoff dort vorprogrammiert, wo es neues Terrain abzustecken gilt. Als aktuelles Beispiel hierfür kann die geplante Errichtung eines „Deutschen Sportmuseums" in Köln dienen. Auf Grund seiner vermutlich gesamtstaatlichen Bedeutung wäre eine Beteiligung des Bundes zumindest denkbar. Auf der anderen Seite vertreten aber die Länder gerade bei Museen − Einrichtungen, die zum Kernbereich der

---

58 Im 5. Sportbericht, S. 43, wird verwiesen auf die „Möglichkeit, die Kommunikation zwischen Schule, Sportvereinen und -verbänden zu fördern, Anregungen für die weitere Entwicklung des Schulsports zu geben und Talente für den Leistungssport zu erkennen und zu fördern." – Siehe auch *K. Schmidt,* in: Der Sport in der Bundesrepublik Deutschland (Fn. 10), S. 168 f.
59 Vgl. insoweit etwa das zwischen dem DSB, der Kultusministerkonferenz (KMK) und den kommunalen Spitzenverbänden vereinbarte „Zweite Aktionsprogramm für den Schulsport"; dazu der landkreis 1985, 231. – Die KMK hat schließlich eine spezielle Kommission „Sport" mit umfänglichem Aufgabenkreis eingerichtet; vgl. KMK (Hrsg.), Hdb. für die KMK 1984/85, 1985, S. 21 u. 38.
60 Zu ihnen *K. Stern,* Staatsrecht, Bd. I, 2. Aufl. 1984, S. 676 und Bd. II, 1980, S. 609 ff. m. w. N.
61 Vgl. nur BVerfGE 22, 180 (217). – Speziell zur Sportförderung *H. Fischer-Menshausen,* a. a. O. (Fn. 32), Art. 104a Rdnr. 5a: Kompetenz des Bundes nur insoweit, als „kein Anknüpfungspunkt für die Zuständigkeit eines Landes gegeben ist".
62 Vgl. *K. Stern,* Staatsrecht, Bd. I, 2. Aufl. 1984, S. 685 m. w. N.
63 Vgl. Ziffern 5.4 und 6.3 der Grundsätze für die Planung, Errichtung, Benutzung, Unterhaltung und Verwaltung von Bundesleistungszentren, abgedruckt in: 5. Sportbericht der Bundesregierung, S. 157 ff.
64 So schon *Chr. Fahlbusch-Wendler,* in: U. Steiner (Hrsg.), Kinderhochleistungssport, Schriftenreihe Recht und Sport, Bd. 1, 1984, S. 35. A. A. augenscheinlich *U. Steiner,* in: HKWP, Bd. 6 (1985), S. 679 (mit Fn. 71).

Kulturhoheit der Länder zu zählen sind – verständlicherweise eine äußerst restriktive Haltung im Hinblick auf Bundesbeteiligungen[65].

IV. Zum Begriff der Sportsubvention

Im Subventionswesen konzentriert sich das rechtswissenschaftliche Interesse deutlich auf Wirtschaftssubventionen[66]. Die Subventionierung des Sports wird, wenn sie überhaupt literarisch Erwähnung findet, hiervon neben oder als Element der Kulturförderung[67] begrifflich separiert, dann aber, auf die Sache bezogen, ungeachtet ihres doch auch beachtlichen Ausmaßes allenfalls mit wenigen Worten flüchtig gestreift[68]. Nun kann im deutschen Verwaltungsrecht schon nicht von einem einhellig anerkannten, trennscharfe Abgrenzungen ermöglichenden Rechtsbegriff der Subvention die Rede sein[69], was aber angesichts unterschiedlichster wirtschaftswissenschaftlicher Definitionen[70] nur zu verständlich ist. So durfte es auch niemand verwundern, wenn der Bundesgesetzgeber sich für das Wirtschaftsstrafrecht mit Rücksicht auf kriminalpolitische Erfordernisse und aus Gründen der Bestimmtheit und Rechtsklarheit zu einer eigenständigen Legaldefinition in § 264 Abs. 6 Satz 1 StGB veranlaßt sah. Immerhin dürfte im vorliegenden Kontext unter den Vertretern des öffentlichen Rechts Zustimmung erreichbar sein, wenn man in möglichst umfassender Weise mit dem Begriff der Sportsubvention alle jene vermögenswerten Leistungen belegt, die von Gebietskörperschaften (Bund, Länder, Kommunen) unmittelbar oder durch Beauftragung Dritter[71] an natürliche Personen oder juristische Personen des Privatrechts im Rahmen eines gesonderten Rechtsverhältnisses erbracht werden und die primär durch den besonderen Zweck einer Förderung sportlicher Betätigung (im weitesten Sinne[72]) gekennzeichnet sind. Damit ist

---

65 Zu diesem Vorgang siehe Kurzprotokolle der 31. Sitzung des Sportausschusses des Deutschen Bundestages v. 11. 9. 1985 (S. 17) und der 32. Sitzung vom 25. 9. 1985 (S. 7).
66 Grundlegend *H. P. Ipsen,* Öffentliche Subventionierung Privater, 1956; siehe weiter *dens.,* u. *H. F. Zacher,* VVDStRL 25 (1967), S. 257ff., 308ff.; *V. Götz,* Recht der Wirtschaftssubventionen, 1966; *A. Bleckmann,* Subventionsrecht, 1978; *dens.,* Ordnungsrahmen für das Recht der Subventionen, Gutachten D zum 55. DJT, 1984.
67 Zu diesem Subventionsfeld letztens *A. Everding,* Kunst und Subvention, in: Festschrift F. J. Strauss, 1985, S. 230ff.
68 Exemplarisch sei verwiesen auf *Wolff-Bachof,* Verwaltungsrecht III, 4. Aufl. 1978, § 154 II a; *A. Bleckmann,* Subventionsrecht, S. 15; *G. Haverkate,* Rechtsfragen des Leistungsstaats, 1983, S. 146.
69 Vgl. etwa *K. Wenger,* Förderungsverwaltung, 1973, S. 15ff.; *H. P. Ipsen,* VVDStRL 25 (1967), S. 276ff.; *H. Karehnke,* DÖV 1975, 623ff.; *A. Bleckmann,* Gutachten, S. 8ff. Siehe auch den 10. Subventionsbericht, BT-Dr. 10/3821, S. 9 u. 295.
70 Siehe *N. Andel,* HdWW 7 (1977), S. 491ff.; *D-U. Niederberger,* Handwörterbuch der Volkswirtschaft, 1980, Sp. 1242ff.; *D. Bös,* in: K. Wenger (Hrsg.), a.a.O., S. 43ff.
71 Vgl. zur Verteilung von Landesmitteln über einen Landessportbund *E. Reschke* (Hrsg.), Hdb. SportR (Stand: 1984), III, S. 38.
72 Gemäß § 52 Abs. 2 Ziffer 2 AO gilt auch Schach als Sport.

ein breites Spektrum von Mitteln der Sportförderung einbezogen, wie sie in § 4 berl.SportFG aufgelistet sind, neben den finanziellen Zuwendungen auch der Bau und die Bereitstellung von Sportanlagen sowie die sportmedizinische Betreuung[73].

Schließlich stellt gerade die Realförderung einen wichtigen, nicht wegzudenkenden Bestandteil der Sportförderung dar. Für einen Sportverein macht es im Ergebnis wenig aus, ob sein Mitkonkurrent durch eine Finanzspritze oder den Erlaß von eigentlich anfallenden Benutzungskosten[74] verstärkt gefördert wird; aus seiner Sicht allein maßgeblich ist das Faktum der Bevorzugung. Um die Sportförderung in ihrer vollen Bandbreite zu erfassen, ist daher ein weiter Subventionsbegriff angebracht. Ausgeklammert sind unter Zugrundelegung voranstehender Definition aus rechtssystematischen Gründen allerdings Leistungen aus öffentlichen Mitteln an andere *öffentliche* Aufgabenträger (Finanzhilfen in Gestalt sog. Dotationen[75], die lediglich mittelbar den Trägern des Sports zugutekommen,[76]) sowie steuerliche Vergünstigungen[77], die freilich mit Blick auf die funktionale Austauschbarkeit[78] häufig als indirekte, verdeckte oder Steuerverschonungs-Subventionen bezeichnet werden[79].

Außen vor bleiben so freilich auch diejenigen individuellen Hilfen (wie Grundbeihilfen, Studien- und Ausbildungsbeihilfen, Fahrtkostenzuschüsse, Ernährungsbeihilfen und Unterhaltszulagen), die derzeit etwa 2300 Leistungssportler als Zuwendung von seiten der Stiftung Deutsche Sporthilfe erhalten[80]. Denn bei dieser handelt es sich um eine privatrechtliche, 1967 vom Deutschen Sportbund und der Deutschen Olympischen Gesellschaft gegründete Organisation, deren wichtigste Einnahmequellen neben Erlösen aus der Fernsehlotterie „Glücksspirale"[81] und aus Sonderpostwertzeichen mit Zuschlägen zugunsten des Sports Spenden und eigene wirtschaftliche Aktivitäten (Ball des Sports, Vertrieb von Produkten mit Werbesignet u. ä.[82]) darstellen[83]. Von seiten des Bun-

---

73 Eine weitere Aufgliederung, wie sie von *Chr. Fahlbusch-Wendler,* a.a.O., S. 34 (Leistungs- und Verschonungssubventionen, Ressourcen- und Koordinationsförderung) vorgenommen wurde, erweist sich als juristisch wenig ergiebig, eher Mißverständnisse fördernd.
74 Vgl. insoweit die rh.pf. Landesverordnung über die kostenfreie Benutzung vom Sportstätten staatlicher Gymnasien und Kollegs vom 18. 1. 1974 (GVBl. S. 35).
75 Dazu *Wolff-Bachof,* a.a.O., § 154 I a 3; *A. Bleckmann,* 55. DJT, Gutachten, S. 10f.
76 Siehe auch § 1 Abs. 1 Satz 2 des österreichischen Bundes-Sportförderungsgesetzes.
77 Konsequenterweise werden sie im 5. Sportbericht der Bundesregierung, S. 113 ff., denn auch der mittelbaren Förderung des Sports zugerechnet.
78 Siehe exemplarisch zum Investitionszulagenrecht *P. J. Tettinger,* DVBl. 1980, 636 f.
79 Vgl. *H. F. Zacher,* a.a.O., S. 317 (mit Fn. 36); *Chr. Fahlbusch-Wendler,* a.a.O., S. 34; *U. W. Babrowski,* Die Steuerbefreiung als Rechtsform der Subvention, Diss. Tübingen 1976.
80 Siehe DSB (Hrsg.), Sport in der Bundesrepublik Deutschland, 12. Aufl. 1986, S. 43.
81 Zu ihr 5. Sportbericht, S. 124.
82 Zu den Aktivitäten der Förderungsgesellschaft Deutsche Sporthilfe GmbH, einer Tochter der Stiftung, siehe *H. Seiter,* in: W. Grunsky (Hrsg.), Werbetätigkeit und Sportvermarktung, Recht und Sport Bd. 3, 1985, S. 57 ff.
83 Dazu näher *G. Pelshenke,* in: K. Gieseler, a.a.O. (Fn. 10), S. 101 ff.

des wurden unmittelbar lediglich punktuell einzelne Kostenpositionen der Stiftung (wie Verpflegungs- und Materialkosten) übernommen[84].

Nun läßt heutzutage aber die zunehmende Professionalisierung und Kommerzialisierung des Sports eine Orientierung an Turnvater Jahn's Idylle kaum mehr zu. Unbeschadet des auch in der Gegenwart nötigen ehrenamtlichen Engagements lassen sich Großvereine mit mehreren Abteilungen und einer stattlichen Anzahl von Wettkampf-Mannschaften zunehmend nur mehr nach Art von Wirtschaftsunternehmen führen. Dies ist namentlich etlichen Fußballvereinen in den letzten Jahren schmerzhaft bewußt geworden. Schmilzt deshalb die Trennungslinie zwischen Wirtschaftssubvention und Sportsubvention spürbar dahin? Ich meine: nein, denn entscheidend für die Abgrenzung ist die primäre Zielsetzung des Leistenden. Primärer Zweck einer Sportsubvention darf nicht die wirtschaftliche Blüte eines Vereins mit Profi-Abteilung in seiner Eigenschaft als Wirtschaftssubjekt oder regional bedeutsamer Wirtschaftsfaktor sein, sondern stets nur die Aufrechterhaltung eines ordnungsgemäßen Sportbetriebes um sportlicher Ziele willen[85]. Rechtliche Probleme ergeben sich hier weniger in definitorischer Hinsicht als mit Blick auf die – später noch zu behandelnden – Förderungskriterien und ihre Zulässigkeit.

V. Notwendigkeit gesetzlicher Vorgaben?

Eine bei der Beschäftigung mit dem Subventionswesen angesichts geballter juristischer Materialschlachten nicht zu umgehende Frage ist die nach der Notwendigkeit gesetzlicher Vorgaben.

1.

Nach wie vor in der Staatsrechtslehre umstritten ist die Geltung eines Gesetzesvorbehalts für Wirtschaftssubventionen[86]. Daß die Begrenzung des klassischen Vorbehalts des Gesetzes auf Eingriffe in Freiheit und Eigentum heutigem Verfassungsverständnis mit Blick auf Demokratiegebot und Rechtsstaatlichkeit als Staatsstrukturprinzipien nicht mehr gerecht wird, steht fest[87]; für die damit anstehende Neubestimmung der gebotenen Form, Reichweite und Intensität parlamentarischer Vorgaben für die vollziehende Gewalt gibt es jedoch kein Patentrezept, sondern lediglich die Einsicht in die Notwendigkeit einer differenzie-

---

84 Siehe 5. Sportbericht, S. 123.
85 Vgl. *A. Bleckmann*, Subventionsrecht, 1978, S. 15.
86 Im Überblick dazu *A. Bleckmann*, 55. DJT 1984, Gutachten, S. 71 ff.; *W. R. Schenke*, GewArch. 1977, 313 m. w. N.
87 Vgl. nur BVerfGE 40, 237 (249).

renden Betrachtungsweise[88]. Das Bundesverfassungsgericht stellt im Rahmen der von ihm praktizierten „Wesentlichkeitstheorie" vorsichtig „auf die jeweils betroffenen Lebensbereiche und Rechtspositionen des Bürgers und die Eigenart der Regelungsgegenstände insgesamt"[89] bzw. „den jeweiligen Sachbereich und die Intensität der geplanten oder getroffenen Regelung"[90] ab.

Während eine strengere Auffassung im Subventionswesen die Notwendigkeit gesetzlicher Vorgaben namentlich für Subventionszweck, Vergabebedingungen, Empfängerkreis, Subventionshöhe, Kompetenzzuweisung und Verwendungskontrolle bejaht[91], lehnt die wohl immer noch herrschende Meinung einen allgemeinen Gesetzesvorbehalt für die subventive Wirtschaftsförderung ab[92].

Im Regelfalle wird, soweit es sich nicht um „grundlegende" Entscheidungen gesellschaftspolitischer Dimension handelt[93] und soweit nicht spezielle Grundrechtssphären betroffen sind (Stichwort: Pressesubventionierung), die Einstellung von öffentlichen Finanzmitteln in einen entsprechenden Haushaltstitel oder die Ermächtigung exekutivischer Instanzen (im Rahmen ihres Aufgabenbereichs) durch eine „sonstige parlamentarische Willensäußerung" nach wie vor für ausreichend erachtet, es sei denn, Förderung und Belastung (des Adressaten oder Dritter) seien derart miteinander verknüpft, daß ein einheitlicher Regelungskomplex vorliegt[94]. Dementsprechend bildet die sog. Etat- und Richtliniensubventionierung auch heute noch den Schwerpunkt in der Subventionspraxis.

2.

Eine gesetzliche Basis für die Subventionierung des Sports besteht hierzulande auf Bundesebene – anders als etwa in Österreich[95] – nicht. Auf Landesebene wurden Sportförderungsgesetze lediglich in Rheinland-Pfalz[96], Bremen[97] und Berlin[98] erlassen. In den übrigen Ländern sind – wie beim Bund – für die

---

88 Siehe namentlich *K. Stern,* Staatsrecht, Bd. I, 2. Aufl. 1984, S. 808 ff.
89 BVerfGE 40, 237 (249).
90 BVerfGE 49, 89 (127); vgl. auch BVerfGE 58, 257 (277 f.).
91 Vgl. *V. Götz,* Recht der Wirtschaftssubventionen, 1966, S. 286 f.; *K. H. Friauf,* DVBl. 1966, 733 ff.; *H. H. Rupp,* JuS 1975, 615 f.
92 Siehe insbes. *W. Henke,* Das Recht der Wirtschaftssubventionen als öffentliches Vertragsrecht, 1979, S. 53 ff.; *G. Haverkate,* Rechtsfragen des Leistungsstaats, 1983, S. 154 f., jeweils m. w. N.; vgl. auch BVerfGE 8, 155 (167). – Offenlassend BVerfGE 38, 121 (126).
93 So BVerfGE 40, 237 (249 f.).
94 Vgl. aus der Rspr. BVerwGE 6, 282 (287); 18, 352 (353); 31, 279 (285); BVerwG, NJW 1977, 1838; BayVGH, VerwRspr. 19, 347 (353); Hess.VGH, DÖV 1963, 880; aus der Lit. *E. Eyermann,* Wirtschaft und Verwaltung 1978, 151 ff.
95 Siehe oben Fußn. 49.
96 Landesgesetz über die öffentliche Förderung von Sport und Spiel (SportFG) vom 9. 12. 1974 (GVBl. S. 597).
97 Gesetz zur Förderung des Sports im Lande Bremen v. 5. 7. 1976 (GBl. S. 173).
98 Gesetz zur Förderung des Sports im Lande Berlin (SportFG) v. 24. 10. 1978 (GVBl. S. 2105).

Vergabe Regierungsprogramme oder ministerielle Richtlinien maßgeblich, denen die zentralen Aussagen über Zielsetzung, Umfang, Förderungsvoraussetzungen, Empfängerkreis u. ä. zu entnehmen sind[99]. Auch wenn die genannten Gesetze globale Aussage über Ziele, Gegenstände und Mittel der Förderung des Sports enthalten, so finden sich in ihnen – der Sache nach kaum überraschend – wegen der Einzelheiten durchgehend Verweisungen auf ministerielle Richtlinien – rechtstechnisch: Verwaltungsvorschriften – (vgl. nur §§ 4 Abs. 3, 14, 16 Abs. 4 rh.pf.SportFG, § 10 Abs. 3 brem.SportFG, §§ 8 Abs. 2, 11 Abs. 3 berl.SportFG). Die Transparenz wird dadurch nur in bescheidenem Umfang verbessert. Bedeutung erlangen solche Gesetze allerdings als Vorgaben für die kommunale Sportförderung, da nur durch sie in verfassungsadäquater Weise der Gestaltungsspielraum des Selbstverwaltungsträgers eingeschränkt werden kann. Verwiesen sei diesbezüglich namentlich auf die §§ 11 ff. des rh.pf. Sportförderungsgesetzes.

Zu erwähnen sind noch die auf Landesebene durchgängig vorhandenen Gesetze über Sportwetten, wie das nw. Sportwettengesetz v. 3. 5. 1955 (GVBl. S. 672)[100], in denen nicht nur die Zulassung entsprechender Wettunternehmen geregelt ist, sondern auch, daß der nach Gewinnausschüttung und Abzug der Kosten verbleibende Betrag ausschließlich für bestimmte, darunter auch sportliche Zwecke zu verwenden ist (vgl. § 4 Abs. 2 nw. SportwettenG). Hieraus resultiert ein -wenn auch durchweg nicht bezifferbarer – Anspruch des Sports und seiner Verbände auf Förderung mit einem angemessenen Anteil dieser Mittel.

Einer normativen Basis bedurfte schließlich die Einbeziehung der Trainerakademie Köln in den Kreis derjenigen Ausbildungsstätten, für deren Besuch BAföG-Leistungen beansprucht werden können, was durch die TrainerVO vom 27. 12. 1978 (BGBl. I S. 2094) geschah.

VI. *Förderungsvoraussetzungen und -kriterien*

Voraussetzungen und Kriterien für die Förderung des Sports können sich aus spezialgesetzlichen Bestimmungen, aus Vorschriften des Haushaltsrechts sowie aus allgemeinen verwaltungsverfahrensrechtlichen Grundsätzen ergeben und sind in diesem Rahmen en detail den Förderungsprogrammen bzw. den bereits angesprochenen Vergaberichtlinien der Verwaltung zu den entsprechenden Haushaltstiteln zu entnehmen.

1.

Auch bei der Förderung des Sports sind zunächst die für jedwede Subventionierung geltenden haushaltsrechtlichen Vorgaben zu beachten. So dürfen gemäß

---
99 Siehe zum Überblick *E. Reschke,* Hdb. SportR, Nr. 53.
100 Geändert durch Gesetz vom 15. 12. 1970 (GVBl. S. 765).

§§ 14 und 26 des Haushaltsgrundsätzegesetzes staatliche Leistungen an Dritte nur veranschlagt und gewährt werden, wenn der Bund oder das Land an der Erfüllung bestimmter Zwecke durch Stellen außerhalb der Bundes- oder Landesverwaltung – ich zitiere: – „ein erhebliches Interesse hat, das ohne die Zuwendungen nicht oder nicht im notwendigen Umfang befriedigt werden kann". §§ 23, 44 BHO und die parallelen Vorschriften in den Landeshaushaltsordnungen (wie §§ 23, 44 nw.LHO)[101] wiederholen diese Direktive, die der Verwaltung vor einer Vergabe jeweils die Prüfung aufgibt, ob das staatliche Interesse „so erheblich ist, daß die vorgesehene Zuwendung nicht unterbleiben kann, also nach Grund und Höhe notwendig ist[102]." Auf diese Weise ist gewissermaßen die Geltung des Subsidiaritätsprinzips festgeschrieben, über dessen grundlegende Bedeutung im Rahmen der Sportförderung im Sinne einer Hilfe zur Selbsthilfe ohnehin bei allen Beteiligten Einigkeit besteht, worüber neben den Sportberichten der Bundesregierung[103] diverse Programmsätze[104] und Absichtserklärungen[105] orientieren.

Für die Subventionierung aus Etatmitteln läßt sich aus diesen Bestimmungen aber auch die Zulässigkeit staatlicher Auflagen zur Sicherung des staatlichen Interesses[106] sowie eines Vergabestops bei Zweckerfüllung ableiten.

2.

Spezialgesetzliche Vorgaben, soweit – wie nur in wenigen Bundesländern – vorhanden, verdienen besondere Aufmerksamkeit. So bezeichnet § 2 Abs. 5 brem.SportFG, wenn auch nur in beispielhafter Aufzählung, global die Ziele der Sportförderung, § 16 Abs. 3 rh.pf.SportFG umschreibt die Zwecke der Förderung von Sportorganisationen und § 11 Abs. 1 berl.SportFG benennt – schon konkreter – beispielhaft die Gegenstände, für die das Land anerkannten Sportorganisationen Zuwendungen gewährt, nämlich

- Aus- und Weiterbildung sowie Beschäftigung von haupt- und nebenberuflichen Mitarbeitern,
- zeitlich beschränkte und fortlaufende Trainingsmaßnahmen,
- Talentsuche,
- Durchführung von Wettkämpfen in Berlin und Teilnahme an auswärtigen Wettkämpfen,

---

101 Siehe *E. A. Piduch,* Bundeshaushaltsrecht, Loseblattkomm., Stand: März 1983, § 23 BHO, Anhang S. 1.
102 *E. A. Piduch,* a.a.O., § 44 BHO Rdnr. 2.
103 Zuletzt 5. Sportbericht, S. 8f.
104 Etwa Grundsatz 1.1 des Leistungssportprogramms der Bundesregierung, abgedr. im 5. Sportbericht, S. 150.
105 Beispiele im vorstehend zit. Bericht, S. 152 ff.
106 Vgl. *Giesen-Fricke,* Das Haushaltsrecht des Landes Nordrhein-Westfalen, Komm., 1972, § 44 LHO Rdnr. 3.

– Modellmaßnahmen,
– Errichtung, Unterhaltung und Bewirtschaftung von Sportanlagen,
– Unterhaltung und Bewirtschaftung von Landesleistungszentren oder ähnlichen Einrichtungen sowie schließlich
– Sportangebote an Nichtmitglieder[107].

Die zuwendungsfähigen Kosten für den Neubau und Ausbau von Sport-, Spiel- und Freizeitanlagen listet § 12 Abs. 1 Satz 2 rh.pf.SportFG auf.

Bemerkenswert ist noch, daß § 16 Abs. 1 rh.pf.SportFG die Förderung von Sportorganisationen auf solche beschränkt, die nach ihrer Satzung allen Einwohnern offenstehen. Damit ist der staatlichen Subventionierung von Exklusiv-Clubs ein deutlicher Riegel vorgeschoben – eine Barriere, die sich freilich bei richtig verstandener Auslegung auch bereits aus den haushaltsrechtlichen Bestimmungen ergibt.

Von nachhaltiger Bedeutung – bei am Normzweck orientierter Auslegung auch mit Blick auf eine etwaige kommunale Subventionierung[108] – ist der generelle gesetzliche Ausschluß einer öffentlichen Förderung für Maßnahmen, die überwiegend dem Berufssport dienen, wie er in § 3 Abs. 3 rh.pf.SportFG, mit besonderer Deutlichkeit aber in § 12 Abs. 1 und 2 brem.SportFG („Träger, Einrichtungen und Maßnahmen, die der Gewinnerzielung dienen" bzw. „Berufs- und Lizenzsport, auch wenn sie als Vereine oder Abteilungen von Sportvereinen auftreten") verankert ist. Damit ließen sich in diesen Bundesländern wohl weder Landeszuschüsse zum Ausbau einer in erster Linie von Profis genutzten Tennisarena noch kommunale Vergünstigungen für die Profi-Abteilung des entsprechenden Vereins in Einklang bringen.

3.

Da die Subventionierung von Sportverbänden und -vereinen überwiegend auf Antrag durch Verwaltungsakt oder durch öffentlich-rechtlichen Vertrag erfolgen dürfte, sind die Vorschriften des einschlägigen Verwaltungsverfahrensgesetzes einschließlich seiner Vorgaben für die Ausübung des Verwaltungsermessens (§ 40 VwVfG) zu beachten.

a) Als – neben dem Subventionszweck – zentrale ermessenssteuernde Direktive der Leistungsverwaltung und dominanter verwaltungsgerichtlicher Kontrollmaßstab im Subventionsrecht fungiert der Gleichheitssatz, der bei der Etat- und Richtliniensubventionierung eine willkürfreie Fassung[109] der und durch-

---
107 Vgl. auch § 10 Abs. 2 brem.SportFG.
108 Anders aber *U. Steiner*, DÖV 1983, 179 unter Berufung auf den Wortlaut (öff. Förderung auf Grund *dieses* Gesetzes).
109 Der Sache nach einleuchtend, hinsichtlich der Abschichtung freilich nicht unproblematisch das Klassifizierungssystem zur Verbandsförderung durch den Bund („sehr guter Leistungsstand", „guter Leistungsstand", „andere") in seinem Leistungssportprogramm (siehe 5. Sportbericht, S. 154).

gängige Orientierung an entsprechenden Verwaltungsrichtlinien unter Zugrundelegung der behördlicherseits praktizierten Auslegung[110] bedingt. Im Verhältnis zwischen Land und Kommunen haben entsprechende Landesrichtlinien allerdings den auf örtliche Besonderheiten bezogenen, verfassungsrechtlich abgesicherten kommunalen Gestaltungsspielraum zu respektieren, so daß eine strikte Bindungswirkung insoweit gegebenenfalls ausscheidet[111].

Eine verwaltungsseitige Selbstbindung bewirken aber auch kommunale Sportförderungsrichtlinien, wie sie zunehmend ausgearbeitet werden[112].

b) Da allein schon wegen der Kohärenz mit anderen gesellschaftspolitischen Aufgaben, aber auch in Ansehung der haushaltsrechtlichen Anforderungen klar ist, daß öffentliche Sportförderung sich nicht auf die jährlich wiederkehrende Bereitstellung von Geldern beschränken kann, sondern auch insoweit – unter Wahrung der Eigenverantwortlichkeit der Sportorganisationen – planhaftes Handeln geboten ist[113], orientiert sich die Förderung des Sports vielfach an auf mehrere Jahre bezogenen Plänen, denen sachliche, örtliche und zeitliche Prioritätsabstufungen zu entnehmen sind. In diesem Kontext gewinnen auch Empfehlungen von Beratungsgremien, die (oft paritätisch) mit Vertretern des Staates und der Sportorganisationen besetzt sind, Bedeutung. Verwiesen sei etwa auf den Bayerischen Landessportbeirat[114], die rheinland-pfälzische Landessportkonferenz (§ 17 rh.pf. SportFG), den bremischen Landesbeirat für Sport (§ 14 brem.SportFG) und die in Berlin eingerichtete Zentralstelle für Sportanlagen (§ 8 berl.SportFG). Insbesondere dann, wenn Vergabeentscheidungen an sportfachlichen Einschätzungen auszurichten sind, wird es einer besonderen Begründung für eine Abweichung von den Empfehlungen eines solchen Gremiums bedürfen, um sich nicht dem Vorwurf eines Ermessensfehlers auszusetzen[115].

c) Das rechtsstaatliche Übermaßverbot mit seinen Komponenten der Geeignetheit, der Erforderlichkeit und der Verhältnismäßigkeit findet im Rahmen des Subventionsrechts schwerpunktmäßig Anwendung bei der Abgrenzung des Kreises der Subventionsempfänger und bei der Beurteilung der Modalitäten einer Subventionierung (wie Antragserfordernis, Reihenfolge, Vergabebedin-

---

110 Vgl. BVerwGE 44, 1 (6) u. BVerwG, DÖV 1979, 793.
111 Siehe *Th. Mathieu,* Städtetag 1980, 6 zu den Richtlinien für die Schaffung von Erholungs-, Spiel- und Sportanlagen. – Daß Ermessensrichtlinien ganz allgemein die Ausübung eines die besonderen Umstände des Einzelfalles berücksichtigenden Ermessens nicht beseitigen dürfen, sondern eine Abweichung von diesen Richtlinien, soweit wesentliche Besonderheiten dies rechtfertigen, möglich bleiben muß, wurde bereits vom BVerwG (DÖV 1979, 793) festgestellt.
112 Vgl. *H. Mattner,* Städte- und Gemeindebund 1983, 137 ff.
113 So deutlich der Erste Sportbericht der Landesregierung NW, LT-Dr. 9/188, S. 13.
114 Siehe das Gesetz über den Bayerischen Landessportbeirat vom 21. 12. 1964 (GVBl. S. 253).
115 Vgl. *P. J. Tettinger,* Rechtsanwendung und gerichtliche Kontrolle im Wirtschaftsverwaltungsrecht, 1980, S. 247, unter Hinweis auf BVerfGE 10, 89 (106).

gungen und -auflagen)[116]. In letzterer Hinsicht begrenzt es im Zusammenwirken mit den eingangs zitierten grundrechtlichen Gewährleistungen zugunsten des Sports die Zulässigkeit staatlicher Lenkungsauflagen. Wie aber *Steiner* bereits zutreffend herausgestellt hat[117], begegnen solche Auflagen, die dem Gesundheitsschutz der Athleten dienen, wie ein Verbot von Doping sowie die Sicherung entsprechender Kontrollen, keinen rechtlichen Bedenken; sie realisieren im Gegenteil gerade die staatliche Schutzpflicht für Leben und Gesundheit der Bürger[118], eine Verpflichtung, die nicht nur beim Kinder- und Jugend-Hochleistungssport, vornehmlich aber dort[119], von herausragender Bedeutung ist.

VII. Rechtsansprüche auf staatliche Förderung?

Wenngleich Rechtsansprüche auf bestimmte Subventionsleistungen grundsätzlich denkbar sind, finden sich im Bereich der Sportförderung für einen derartigen Anspruch keine Anhaltspunkte[120]. Auch unter Berücksichtigung neuerer grundrechtsdogmatischer Entwicklungen lassen sich aus den sportliche Betätigung absichernden Gewährleistungen der Art. 2 Abs. 1, 9 Abs. 1 und 12 Abs. 1 GG keine Leistungsansprüche ableiten. Wenn § 2 Abs. 1 Satz 1 brem.SportFG dem Sport „Anspruch auf Förderung durch Staat und Gesellschaft" zubilligt, so ist damit nur programmatisch die öffentliche Aufgabe der Sportförderung plakatiert. Das den jeweiligen Haushaltsplan (gemäß Art. 110 Abs. 2 Satz 1 GG) feststellende Haushaltsgesetz scheidet als normative Basis für Subventionsansprüche ohnehin aus; durch den Haushaltsplan können nämlich individuelle Ansprüche oder Verbindlichkeiten nicht begründet werden (§ 3 Abs. 2 HGrG) und für das Haushaltsgesetz selbst gilt das sog. Bepackungsverbot des Art. 110 Abs. 4 Satz 1 GG. Dem staatlichen Sportförderer ist mithin ein recht weit gefaßtes Subventionsermessen zuzubilligen, das sich auf Art, Adressat, Qualität, Dimension und Dauer der Förderung erstreckt[121]. Allenfalls kann einmal mit Blick auf den Gleichheitssatz ein sog. formelles subjektiv-öffentliches Recht auf fehlerfreien Ermessensgebrauch bestehen, gerichtet auf willkürfreie Mittelvergabe[122]. Unter Berufung auf eine durch Richtlinienpraxis erfolgte Selbstbindung der Verwaltung kann der nichtbedachte Sportverein oder -verband vor dem zuständigen Verwaltungsgericht seinen Ausschluß aus dem Kreis der Subventionsempfänger rügen (sog. positive Konkurrentenklage). Möglicherweise ist

---

116 Siehe etwa *M. Zuleeg,* Subventionskontrolle durch Konkurrentenklage, 1974, S. 91 ff.
117 DÖV 1983, 177.
118 Vgl. BVerfGE 39, 1 (41 f.); 46, 160 (164); 49, 89 (141 f.); 53, 20 (57).
119 Siehe *U. Steiner,* in: ders. (Hrsg.), Kinderhochleistungssport, 1984, S. 55.
120 Siehe auch *E. Reschke,* Hdb. SportR, III, S. 38.
121 *U. Steiner,* in: Kinderhochleistungssport, S. 55.
122 Vgl. für Wirtschaftssubventionen BVerwGE 31, 279 (285).

aber auch die Klage eines konkurrierenden Vereins zulässig, mit der dieser nicht seine Mitbeteiligung erwirken, sondern die Subventionierung der anderen verhindern will (sog. negative Konkurrentenklage). Bei Wirtschaftssubventionen ließ sich die Klagebefugnis immerhin durch einen möglicherweise existenzgefährdenden Eingriff (begünstigender Verwaltungsakt mit belastender Drittwirkung) in die Freiheit des wirtschaftlichen Wettbewerbs belegen [123]; das damit in Anspruch genommene Grundrecht des Art. 2 Abs. 1 GG hat aber nicht allein eine ökonomische, sondern weitere, vielfältige personale Aktivitäten abdeckende Dimensionen einschließlich der sportlichen. Auch insoweit dürften Private vor rechtlich relevanten Nachteilen [124] geschützt sein, die in der verfassungsmäßigen Ordnung keine Grundlage finden.

Als in der Sache entscheidend wird sich in all solchen Fällen erweisen, ob Willkür bejaht werden kann. Fast alle der mir bekannten Richtlinien zur Sportförderung setzen für eine positive Entscheidung die Zugehörigkeit des antragstellenden Vereins zu einem anerkannten Landes-Fachverband voraus, der wiederum einem Landessportbund angehören bzw. über den entsprechenden Bundesverband Mitglied des Deutschen Sportbundes sein muß [125]. Hierdurch werden etablierte – in die traditionellen Sportorganisationen eingebettete – Verbände in ihrer ohnehin dominanten Stellung noch gestärkt. Outsider und Newcomer, namentlich Alternative oder die Protagonisten neuer Sportarten wie Squash, Racket-Ball, Plattformtennis, Skateboard, Rollski, Drachenfliegen, Windsurfen, Eis- oder Strandsegeln, haben es augenscheinlich schwerer. Auch mit Blick auf das Grundrecht der negativen Vereinigungsfreiheit erscheint die Anknüpfung der Gewährung von Sportfördermitteln an die Mitgliedschaft in bestimmten Sportverbänden trotz guter Gründe nicht gänzlich bedenkenfrei [126]. Dies gilt jedenfalls dann, wenn der Anspruch des eine neue Modifikation eines tradierten Sports pflegenden Vereins auf Mitgliedschaft in einer etablierten Organisation) trotz deren faktischer Monopolstellung [127] bestritten wird [128] und diese damit die bei der Subventionierung staatlicherseits vorausgesetzte Integrationsfunktion nicht mehr erfüllt [129].

---

123 BVerwGE 30, 191 (197 f.).
124 *Wolff-Bachof,* Verwaltungsrecht III, § 154 VII c, akzeptieren auch eine Verletzung „sonstiger Interessen" als Basis für die Klagebefugnis.
125 Vgl. auch *E. Reschke,* Hdb.SportR, III, S. 37.
126 Siehe BGHZ 63, 282 (286 f.); *E. Reschke,* Hdb.SportR, III, S. 37 f.
127 Vgl. dazu etwa BGHZ 63, 282 ff. = NJW 1975, 771 ff.; *W. Kregel,* in: Schroeder/Kauffmann, Sport und Recht, 1972, S. 121 f.; ferner allg. zur Notwendigkeit staats- und verwaltungsrechtlicher Durchdringung des Sportverbandswesens *J. Burmeister,* DÖV 1978, 1 ff.
128 Siehe etwa BGH, GRUR 1986, 332 („Aikido-Verband"); zum Verhältnis Bergsport – Extremklettern („free style") Der Spiegel, Nr. 15 vom 7. 4. 1986, S. 219 ff.
129 Vgl. dazu *H.-J. Winkler,* in: H. Quaritsch (Hrsg.), Die Selbstdarstellung des Staates, 1977, S. 128 f.

VIII. Fazit

Man sieht nach alledem: Die „schönste Nebensache der Welt", der Sport, bietet mehr als genug Stoff für einen Diskurs über Subventionsrecht. Das mir zugängliche, keineswegs flächendeckende, Gesetze und Verwaltungsvorschriften, aber keine unmittelbar einschlägige Judikatur umfassende Material ließ sich aber mit dem bewährten Arsenal des Juristen durchaus in den (staats- und verwaltungsrechtlichen) Griff bekommen. Erwarten Sie daher bitte von mir nicht zum Schluß noch einen sportlichen Kraftakt wie etwa ein Plädoyer für neue Gesetzgebung zur Sportförderung – nach dem Motto: „Jeder gesellschaftlichen Gruppe ihr Gesetz!" – oder, noch dynamischer, für die Verankerung eines Sportförderungsauftrages im Grundgesetz[130]. Gegenüber einer Verwässerung dieses Verfassungstextes durch global gefaßte, eher programmatische Staatszielbestimmungen oder Gesetzgebungsaufträge ist – auch mit Blick auf die Sicherung der normativen Stringenz der in Art. 20 des Grundgesetzes verankerten, bewährten Staatsstrukturprinzipien – erhebliche Skepsis angebracht.

In aller Bescheidenheit würde mir als Petitum die strikte Einhaltung bestehender Kompetenzgrenzen und ein wenig mehr verwaltungsseitige Förderungstransparenz, namentlich auf Landes- und Kommunalebene, verbunden mit der durchgängigen Beachtung allgemeiner subventionsrechtlicher Grundsätze, schon genügen.

---

130 Vgl. etwa in dieser Richtung den Vorschlag einer GG-Ergänzung um ein Kulturstaatsprinzip und die Festschreibung der Förderung des Zugangs zu kulturellen Einrichtungen, in: Bericht der Sachverständigenkommission Staatszielbestimmungen/Gesetzgebungsaufträge, 1983, Rdnrn. 169f., 191 f.

Die Steuer – Instrument der Sportförderung?

Von Chr. Trzaskalik

Wer Sport treibt, tut etwas für seine Gesundheit. Ausgaben des Steuerpflichtigen für die eigene sportliche Betätigung nimmt das Einkommensteuergesetz nicht zur Kenntnis. Wem es gelingt, seine sportlichen Leistungen gegen Entgelt zu verwerten, wird einkommensteuerlich als Arbeitnehmer oder Gewerbetreibender behandelt [1]. Spezielle Vergünstigungen für den Sportler sind dem Einkommensteuerrecht fremd.

In um so intensiverer Weise kümmert sich das Steuerrecht um die Sportvereine. Sie erfüllen nach den Vorstellungen des Gesetzgebers Gemeinwohlaufgaben. Bislang hat die Rechtsprechung sich noch nicht dazu geäußert, ob Sportvereine die Allgemeinheit auf materiellem, geistigem oder sittlichem Gebiet selbstlos fördern. Dazu besteht wohl deshalb kein Anlaß, weil der Sport ausdrücklich in § 52 Abs. 2 Nr. 2 AO als gemeinnütziger Zweck ausgewiesen ist.

Sportvereine sind bislang durchgängig als nichtwirtschaftliche Vereine i. S. v. § 21 BGB organisiert. Das könnte die Überlegung nahelegen, daß das Gemeinnützigkeitsrecht die Aufgabe erfüllt, den nichtsteuerbaren Idealbereich vom steuerbaren wirtschaftlichen Bereich abzugrenzen. Derartige Vorstellungen sind verfehlt. So läßt sich etwa die Befreiung der Einnahmen aus Vermögensverwaltung im KStG oder der halbe Umsatzsteuersatz für Leistungen der Sportvereine nicht damit erklären, daß Zweifel daran bestünden, ob der Verein überhaupt eine steuerbare Tätigkeit entfaltet. Die in den Einzelsteuergesetzen für gemeinnützige Körperschaften vorgesehenen Steuerbefreiungen sollen die Vereinsaktivitäten fördern. Das Gemeinnützigkeitsrecht enthält Subventionsbedingungen. Die §§ 21, 22 BGB sollen hingegen dafür sorgen, daß die gläubiger- und mitgliederschützenden Bestimmungen des HGB nicht unterlaufen werden.

Weil das Gemeinnützigkeitsrecht steuerliches Subventionsrecht ist, muß es sich an den im Subventionswesen üblichen Maßstäben messen lassen.

I. Der Gegenstand der Förderung

In der AO 1977 ist global von „Sport" die Rede. In § 17 Abs. 3 StAnpG war demgegenüber die „körperliche Ertüchtigung des Volkes durch Leibesübungen (Turnen, Spiel, Sport)" als gemeinnütziger Zweck ausgewiesen. Man betont

---

[1] BFH vom 17. 2. 1955 – IV 77/53 S –, BStBl 1955 III, 100; BFH vom 22. 1. 1964 – I 398/60 U –, BStBl 1964 III, 207.

zwar die gewandelte gesellschaftliche Bedeutung des Sports, die auch im Gesetzestext zum Ausdruck kommen soll. Das ändert aber nichts daran, daß Sport in Deutschland vor allem eine ernsthafte Angelegenheit ist. Zwischen dem „planmäßigen Schwimmen" und dem bloßen „Baden" wird unterschieden[2]. Eine auf die bloße Erholung gerichtete Freizeitgestaltung dient nach Ansicht der Rechtsprechung nicht dem allgemeinen Besten, sondern ausschließlich dem individuellen Zweck, den beruflichen Alltagslasten besser gewachsen zu sein[3]. Offenbar sind nach Auffassung der Rechtsprechung trainierte Muskeln immer noch wichtiger als eine ausgeglichene Psyche. Klarer, aber nicht unbedingt überzeugender ist der Standpunkt der Bundesregierung. Sie hält es nicht für die Aufgabe des Steuerrechts, Freizeitbetätigungen aller Art durch steuermindernde Spendenabzugsmöglichkeiten zu fördern[4]. Warum Spenden an Sportvereine abzugsfähig sind, wird allerdings nicht begründet.

Sportvereine werden steuerlich begünstigt, weil sie die Allgemeinheit fördern. Man sollte eigentlich keinen Zweifel daran haben, daß mit der Allgemeinheit die Mitglieder des Vereins gemeint sind. Steht der Vereinsbeitritt jedermann offen, ist die staatliche Vergünstigung ein Angebot an die Allgemeinheit. Die Subventionsbedingung soll sichern, daß jedermann von der staatlichen Förderung profitieren kann. Da in § 52 AO nicht zwischen teuren und preiswerten Sportarten differenziert wird und sowohl Arme wie Reiche zur Allgemeinheit gehören, sind Überlegungen des Inhalts nicht überzeugend, ob bestimmten Sportvereinen die Gemeinnützigkeit abgesprochen werden muß, weil die Höhe der Mitgliedsbeiträge „selektive Wirkung zugunsten einer wohlhabenden Bevölkerungsschicht" haben kann[5].

In der Praxis hat sich der Satz, das Amateurprinzip sei Grundlage des Gemeinnützigkeitsrechts, der Berufssport sei nicht förderungswürdig[6], zu einer Art Glaubensbekenntnis entwickelt, das offenbar keiner Begründung mehr bedarf. Der Satz wäre zutreffend, wenn die Aufgabe des Vereins darin bestünde, die Sportler für ihre körperliche Ertüchtigung zu bezahlen. Dann würde die Tätigkeit des Vereins Erwerbszwecken der Berufssportler dienen.

---

2 BFH vom 30. 9. 1981 – III R 2/80 –, BStBl 1982 II, 148.
3 BFH vom 30. 9. 1981 – III R 2/80 –, BStBl 1982 II, 148; *Tipke/Kruse,* § 52 AO Rdnr. 19; zu Recht kritisch *Troll,* Besteuerung von Verein, Stiftung und Körperschaft des öffentlichen Rechts, 3. Aufl., 1983, 474.
4 BT-Drucksache 10/1368, Anlage 2.
5 BFH von 13. 12. 1978 – I R 39/78 –, BStBl 1979 II, 482 im Anschluß an *Tipke/Kruse,* § 52 AO Rdnr. 4.
6 OFH Gutachten vom 7. 9. 1949 – I D 1/49 –, RFHE 54, 386; BFH vom 17. 8. 1954 – I 119/52 U –, BStBl 1954 III, 324; BFH vom 30. 11. 1965 – I 172/63 –, HFR 1966, 179. In denkwürdigem Kontrast zum Gemeinnützigkeitsrecht steht die direkte Förderung des Hochleistungssports durch den Bund, die einen Typus des Berufssportlers „eigener Art" erzeugt. Dient nur der Amateursport der Allgemeinheit, so ist es nicht unbedingt konsequent, daß die Repräsentanten des Staates primär Berufssportveranstaltungen mit ihrem Besuch beehren.

Die Rolle des Sportlers beschränkt sich indes darauf, daß er – wie der Trainer oder der Funktionär – Hilfsperson (§ 57 AO) des Vereins ist. Zwischen der vom Verein gegenüber dem Publikum entfalteten Tätigkeit und dem Innenrechtsverhältnis des Vereins zu den Sportlern muß unterschieden werden. Der Verein bietet Sportveranstaltungen gegen Entgelt dem Publikum und nicht den Sportlern an, wobei es in diesem Zusammenhang keinen Unterschied macht, ob man den Sinn der Sportveranstaltung in der Unterhaltung des Publikums oder in der Werbung für den Sport sieht. Die Sportler werden im Rahmen der Veranstaltung für den Verein tätig. Nach dem Gesetz kommt es damit nicht darauf an, daß die Sportler bezahlt werden. Ausschlaggebend ist allein, ob die Vergütung zu hoch ist (§ 55 Abs. 1 NR. 3 AO). Dem Gemeinnützigkeitsrecht ist eine Differenzierung zwischen Amateuren, denen nur Aufwandsentschädigungen gezahlt werden, und Berufssportlern, die Gehälter oder Gagen beziehen, fremd.

Nach den Vorstellungen der Finanzverwaltung hingegen dürfen gemeinnützige Sportvereine nur Amateure fördern. Das merkwürdige ist, daß eben diese Amateure nach den Wertungen des Einkommensteuergesetzes Berufssportler sind. Wohl selten sind die Fälle, in denen der Einfluß „interessierter Kreise" auf die Gesetzesauslegung so offenkundig ist. Es gibt Verwaltungsanweisungen, denen das Amateurstatut des DFB als Anlage beigefügt ist [7]. In der Begründung des Finanzausschusses zu § 67a AO heißt es, daß die Entscheidung, wann ein Sportler bezahlt werde, „den Abgrenzungsgrundsätzen des Sports für die Amateureigenschaft von Sportlern entspreche" [8].

Der derzeitige Stand der Entwicklung ist, daß es aufgrund von § 67a AO drei Klassen von Sportvereinen gibt: Den reinen Amateursportverein, der allenfalls Aufwandsentschädigungen zahlt; den Sportverein, der sportliche Veranstaltungen unter Einsatz bezahlter Spieler durchführt; schließlich die Fußballbundesligavereine, die in nicht zu rechtfertigender Weise durch die Möglichkeit privilegiert werden, Überschüsse aus Veranstaltungen unter Einsatz bezahlter Spieler steuerfrei zur Abdeckung von Unkosten anderer Sportveranstaltungen verwenden zu können [9]. – Warum an Konzerten, Theaterveranstaltungen und selbst an Faschingsfesten oder Weihnachtsfeiern der Vereine bezahlte Künstler teilnehmen dürfen, während bei Sportveranstaltungen die Sachlage gänzlich anders beurteilt wird, will nicht einleuchten.

Fazit: Das Gesetz enthält keine hinreichenden Aussagen zum Förderungszweck; es erfüllt die ihm zugedachte Entscheidungsfunktion nicht.

---

7 StEK GemVO Nr. 34.
8 BT-Drucksache 10/4513, 14; bereits der OFH forderte in seinem Gutachten vom 7. 9. 1949 (Fn. 6), daß die Verbandsbestimmungen über das Vertragsspielerwesen „streng durchgeführt" werden müßten.
9 Bei Fußballbundesligavereinen werden nach Abschnitt 11 KStR sämtliche sportliche Veranstaltungen, also nicht nur die Fußballveranstaltungen, als wirtschaftlicher Geschäftsbetrieb i. S. von § 14 AO behandelt.

II. Die Förderung gemeinnütziger Zwecke durch Privilegierung wirtschaftlicher Tätigkeiten

Wer nur Sport treibt, erfüllt keinen Steuertatbestand, kann nicht durch Steuervergünstigungen gefördert werden. Nach den Vorstellungen des Gesetzgebers reichen Mitgliedsbeiträge und Spenden nicht unbedingt zur Finanzierung der begünstigten sportlichen Aktivitäten aus. Es wird deshalb das Erwirtschaften von Erträgen begünstigt, weil das Körperschaftsvermögen ausschließlich für den Sport und nicht für andere Interessen des Vereins oder der Mitglieder ausgegeben wird.

Die Abgrenzung der Bereiche, in denen die Körperschaft steuerbegünstigte Mittel erwirtschaften darf, erfolgt nach eigenwilligen Gesichtspunkten durch die Regeln über den Zweckbetrieb (§ 65 AO). § 65 AO ist durch zwei Grundüberlegungen geprägt. Der Zweckbetrieb ist nicht ein beliebiges Mittel zur Geldbeschaffung. In ihm findet vielmehr der gemeinnützige Zweck seine unmittelbare Verwirklichung. Ist der Geschäftsbetrieb dem gemeinnützigen Zweck lediglich förderlich, reicht das für die Steuerbefreiung nicht aus. Insbesondere genügt eine mittelbare Förderung durch Verwendung erwirtschafteter Erträge für gemeinnützige Zwecke nicht [10]. Ferner wird vorausgesetzt, daß die Körperschaft mit ihrem wirtschaftlichen Geschäftsbetrieb nicht in größerem Umfang zu nicht begünstigten Betrieben derselben oder ähnlicher Art in Wettbewerb tritt, als es bei Erfüllung des steuerbegünstigten Zwecks unvermeidbar ist [11].

Ob ein wirtschaftlicher Geschäftsbetrieb zur Erfüllung des gemeinnützigen Zwecks unabdingbar oder dem gemeinnützigen Zweck lediglich förderlich ist, hängt weitgehend vom Gutdünken des Rechtsanwenders ab. Wer sportfreundlich ist, wird gegen die Vermarktung des Sports keine Bedenken haben, solange die Einnahme dem Sport selbst zufließen. Wer die Einstellung von Churchill teilt, wird die Notwendigkeit eines wirtschaftlichen Geschäftsbetriebes eher verneinen. Daß nach § 67a AO sportliche Veranstaltungen, an denen keine Berufssportler teilnehmen, stets einen steuerfreien Zweckbetrieb darstellen, trägt zur Klarheit kaum bei. Denn die Frage lautet stets, wann eine sportliche Veranstaltung anzunehmen ist. Die derzeitige Praxis ist insgesamt weitgehend willkürlich. Eintrittsgelder zu sportlichen Veranstaltungen, an denen keine Berufssportler mitwirken, sowie Honorare vom Fernsehen für die Übertragung von Veranstaltungen zählen zu den Einnahmen aus einem steuerfreien Zweckbe-

---

10 RFH vom 24. 7. 1937 – VI a A 1/35 –, RStBl 1937, 1103; RFH vom 26. 4. 1938 – VI a 27/36 –, RStBl 1938, 582; BFH vom 24. 2. 1953 – I 33/51 U –, BStBl 1953 III, 109; BFH vom 21. 8. 1985 – I R 60/80 –, BStBl 1986 II, 88; BFH vom 21. 8. 1985 – I R 3/82 –, BStBl 1986 II, 92.
11 So bereits RFH vom 24. 7. 1937 – VI a A 1/35 –, RStBl 1937, 1103; BFH vom 28. 10. 1960 – III 134/56 U –, BStBl 1961 III, 109; *Becker/Riewald/Koch,* § 17 StAnpG Anm. 10.

trieb, das Entgelt für die Banden- oder Trikotwerbung hingegen nicht[12]. Ablösezahlungen zählen bei Amateursportvereinen zu den Einnahmen aus sportlichen Veranstaltungen, falls dem abgebenden Verein lediglich Ausbildungskosten erstattet werden[13]. Einnahmen aus der Verpflegung von Teilnehmern an einer Sportveranstaltung sind steuerfrei, Einnahmen aus der Verpflegung von Zuschauern sind steuerpflichtig[14]. Vermietung von Sportstätten auf kurze Zeit an Mitglieder des Vereins soll zur Erfüllung des gemeinnützigen Zwecks unabdingbar sein, das gleiche Geschäft mit Nichtmitgliedern hingegen nicht[15]. Bei Sportkursen oder Sportlehrgängen wird hingegen kein Unterschied zwischen Mitgliedern und Nichtmitgliedern gemacht[16].

Der zweite Grundgedanke – die tunliche Vermeidung von Wettbewerb – ist kaum überzeugender. Mit der Entscheidung, wirtschaftliche Aktivitäten von der Steuer zu befreien, ist stets eine Wettbewerbsverzerrung verbunden. Die Frage kann nur lauten, auf welchen Märkten die gemeinnützige Körperschaft ihre Erträge erwirtschaften soll. Darüber sagt das Wettbewerbsverbot nichts aus. Hätte das Gebot der Vermeidung von Wettbewerb selbständige Bedeutung, müßte es auch bei Sportveranstaltungen zum Tragen kommen. Dies ist nach § 67a AO indes gerade nicht der Fall. In § 67a AO fällt die Entscheidung mit der Ausgestaltung des Innenverhältnisses zwischen dem Verein und den von ihm eingesetzten Sportlern, das unter Wettbewerbsgesichtspunkten irrelevant ist. Zum Unternehmer wird man nicht, wenn man Hilfspersonen gegen Entgelt beschäftigt. Entscheidend ist das Geschäftsgebaren gegenüber den Leistungsabnehmern.

Die Wettbewerbsüberlegungen sind zudem nicht zu Ende geführt. Soll etwa die Werbebranche oder das Gaststättengewerbe vor Konkurrenz durch die Sportvereine geschützt werden, kann man kaum die steuerfreie Auswertung der Marktchancen im Wege der Vermietung oder Verpachtung gestatten. Dem Gesetz liegt die Vorstellung zugrunde, daß der Verein, der z. B. sein Vereinslokal verpachtet, nicht als Konkurrent in Erscheinung tritt. Richtig ist wohl, daß der Verein sich lediglich in anderer Form am Wettbewerb beteiligt. Die Unterscheidung von Vermögensverwaltung und wirtschaftlichem Geschäftsbetrieb ist unter wettbewerbsrechtlichen Gesichtspunkten kaum aussagekräftig.

Bemüht man sich einerseits über die Regeln betreffend den steuerfreien Zweckbetrieb die wirtschaftlichen Aktivitäten des Vereins auf das zur Erfüllung des gemeinnützigen Zwecks notwendige Maß zu begrenzen, kann man andererseits

---
12 Zur Werbung BFH vom 9. 12. 1981 – I R 215/78 –, BStBl 1983 II, 27; ferner StEK AO 1977, § 52 Nr. 26, Nr. 29, Nr. 31; zur (systemwidrigen) Verrechnung von Kosten der sportlichen Veranstaltung mit den Werbeeinnahmen StEK AO 1977, § 65 Nr. 3.
13 StEK AO 1937, §. 52 Rdnr. 27, 35.
14 StEK KStG 1977, § 5 Nr. 42.
15 BdF, BStBl 1978 I, 202.
16 StEK AO 1977, 968 Nr. 1.

der gemeinnützigen Körperschaft nicht beliebige Wirtschaftstätigkeiten gestatten, falls sie bereit ist, die Erträge zu versteuern. Erstens wird die Wettbewerbsproblematik nicht schon mit der Entscheidung für die Steuerpflicht gelöst. Daß ein Sportverein im Bereich der Werbung aufgrund der Anziehungskraft der Sportveranstaltungen bessere Startchancen hat als ein beliebiges Werbeunternehmen, läßt sich kaum bezweifeln.

Zweitens verträgt sich die gemeinnützigkeitsrechtliche Bindung der versteuerten Erträge mit der Steuerpflicht nicht. Denn die Steuerpflicht basiert auch auf der Erwägung, daß die Erträge für beliebige Zwecke verwandt werden können.

Da die Unterhaltung steuerpflichtiger Geschäftsbetriebe durch gemeinnützige Körperschaften keine saubere Lösung ist, überrascht er auch kaum, daß sämtliche Sportvereine den Fußballbundesligavereinen die umfassende Steuerpflicht sportlicher Veranstaltungen neiden. Wir haben die groteske Situation, daß die Steuerfreiheit als Nachteil, die Steuerpflicht als Begünstigung empfunden wird. Da etwaige Erträge ohnehin nicht an die Mitglieder ausgeschüttet werden dürfen, interessiert eigentlich nur, ob die Mittel dem Verein verbleiben oder an das Finanzamt abgeführt werden müssen. In diesem Punkt ist die umfassende Steuerpflicht der Fußballbundesligavereine eher günstiger, da allein Gewinne und Verluste aus steuerpflichtigen Geschäftsbetrieben verrechnungsfähig sind.

Diese vom Gesetz nicht unbedingt gedeckte Praxis bei den Fußballbundesligavereinen läßt Verständnis für den Wunsch der Sportverbände aufkommen, den Abzug von Kosten aus dem Gemeinützigkeitsbereich von den Einnahmen aus den steuerpflichtigen Geschäftsbetrieben zuzulassen[17]. Gegen eine solche Lösung spricht m. E. entscheidend, daß der Unterschied zwischen gemeinnützigen Körperschaften, denen das Erwirtschaften von Erträgen erleichtert wird, und steuerpflichtigen Körperschaften, die Ausgaben für gemeinnützige Zwecke leisten, kaum noch zu erkennen wäre. Die derzeitige Praxis bei den Fußballbundesligavereinen kann kein Vorbild sein. Zum einen liegt es nahe, den verlustträchtigen Amateurbereich als Liebhaberei einzustufen und auf diese Weise die Verrechnungsmöglichkeit auszuschließen. Zum anderen ist zu berücksichtigen, daß als wirtschaftlicher Geschäftsbetrieb nicht nur eine Betätigung auf sportlichem Sektor in Betracht kommt.

Insgesamt enthält das Gesetz keine brauchbaren Aussagen zu der Frage, auf welche Weise die Vereine Erträge erwirtschaften dürfen, um den Sportbetrieb zu finanzieren.

---

17 Vgl. die Hinweise in BT-Drucksache 10/4513, 14; BT-Drucksache 7/4292, 21.

III. Sicherung der zweckentsprechenden Mittelverwendung

Versteht man das Gemeinnützigkeitsrecht als Subventionsrecht, muß das Gesetz Vorkehrungen enthalten, daß die begünstigte Körperschaft ihr Verhalten am Subventionszweck ausrichtet.

Das Gesetz enthält in dieser Hinsicht eindeutig ungenügende Sicherungen. Es ist lediglich vorgeschrieben, daß Mittel der Körperschaft nur für die satzungsmäßigen Zwecke verwendet werden dürfen. Im übrigen erschöpfen sich die Subventionsbedingungen im Selbstlosigkeitsgebot (§ 55 Abs. 1 AO). Dieses besagt, daß der Verein selbst keine Profitinteressen verfolgen und sich auch nicht als Instrument zur Förderung wirtschaftlicher Interessen seiner Mitglieder verstehen darf. Die Subventionsbedingungen enthalten damit im Grunde nur das Verbot, sich wie ein nach Gewinn strebender Unternehmer zu verhalten. Damit ist aber keineswegs gesagt, welches Wirtschaftsgebaren dem Subventionszweck entspricht. Das Selbstlosigkeitsgebot hat unterschiedliche Bedeutung für den Gemeinnützigkeitsbereich und für die steuerpflichtigen Geschäftsbetriebe bzw. die steuerfreie Vermögensverwaltung.

Im Gemeinnützigkeitsbereich fehlen zunächst gänzlich Vorkehrungen gegen unwirtschaftliche Investitionen. Über das Gemeinnützigkeitsrecht läßt sich kein Einfluß darauf nehmen, daß z. B. Sportstätten nur in angemessener Größenordnung errichtet werden. Der Gesetzgeber verläßt sich offenbar auf die wirtschaftliche Vernunft der Vereine. Soweit Vergütungen geleistet werden, dürfen sie nicht unverhältnismäßig hoch sein (§ 55 Abs. 1 Nr. 3 AO). Angemessene Vergütungen sind stets zulässig. Die Angemessenheit bestimmt sich nach dem Marktüblichen und nicht nach den Vorstellungen der Sportverbände.

Deshalb finden weder die Verwaltungserlasse über die zulässigen Aufwandsentschädigungen für Amateursportler noch die Verwaltungsvorschriften über die Zahlung von Ablösesummen im Gesetz eine Grundlage[18]. Das geltende Gemeinnützigkeitsrecht gibt deshalb keine Handhabe, um der Kommerzialisierung des Sports entgegenzuwirken.

Ob das Selbstlosigkeitsgebot Bedeutung für die Einnahmeseite im Gemeinnützigkeitsbereich hat, hängt von der Bestimmung des Förderungszwecks ab. Ist man der Meinung, die steuerliche Vergünstigung für Sportveranstaltungen sollen nicht nur dem Verein, sondern auch den Zuschauern zugute kommen, muß sich das Angemessenheitsgebot auch auf die Eintrittspreise beziehen. Die Schwierigkeit besteht in der Ermittlung des „gemeinnützigkeitskonformen" Preises.

---

18 StEK AO 1977, § 52 Nr. 18, Nr. 21; StEK KStG 1977, § 5 Nr. 46; StEK AO 1977, § 52 Nr. 27, Nr. 35.

Das Selbstlosigkeitsgebot bezieht sich jedenfalls nicht auf die Einnahmen aus steuerpflichtigen Geschäftsbetrieben und aus Vermögensverwaltung. Denn die Geschäftspartner des Vereins in diesen Sektoren gehören nicht zu den Förderungsadressaten. Auch aus diesem Grund ist es eher kurzsichtig, Berufssportveranstaltungen als steuerpflichtige Geschäftsbetriebe zu behandeln.

Da in § 55 AO nicht zwischen den verschiedenen Tätigkeitsbereichen der gemeinnützigen Körperschaft unterschieden wird, spricht einiges dafür, daß das Verbot überhöhter Vergütung auch die Ausgaben im Bereich der Vermögensverwaltung und der steuerpflichtigen Geschäftsbetriebe erfaßt. Für diese Auslegung läßt sich anführen, daß in diesen Bereichen ausschließlich finanzielle Mittel für den gemeinnützigen Zweck erwirtschaftet werden sollen. Es bleibt das Bedenken, daß zur Steuerpflicht die Freiheit in der Gestaltung der Ausgaben gehört. Jedenfalls enthält § 55 AO keine tauglichen Maßstäbe um Ausgaben zu begrenzen.

Gesamtergebnis:

Das Gemeinnützigkeitsrecht erfüllt die Anforderungen nicht, die an ein Subventionsgesetz zu stellen sind. Notwendige gesetzgeberische Entscheidungen fehlen. Die Entwicklungen, die im Sport in der Nachkriegszeit stattgefunden haben, sind nicht zur Kenntnis genommen worden. Den Verwaltungsvorschriften kommt übermäßig große Bedeutung zu. Wer eine Förderung des Sports über das Steuerrecht beansprucht, muß bereit sein, Bedingungen zu akzeptieren, die an subventive Steuervergünstigungen geknüpft werden. Würden im Gemeinnützigkeitsrecht Maßstäbe angelegt, wie sie generell im Subventionsrecht üblich sind, ist mit einem deutlich verstärkten staatlichen Einfluß auf das Wirtschaftsgebaren der Vereine zu rechnen. Ob die staatliche Kontrolle reduziert werden kann, in dem man bestimmte Aufgaben den Sportverbänden überträgt, ist nicht unbedingt sicher. Ob ein zeitgemäßes Gemeinnützigkeitsrecht aus der Sicht der Sportvereine eher Wohltat oder Plage ist, bleibt offen.

Die Autoren

Gerd Finger, geb. 1947 in Krefeld, dort Abitur 1966, Studium und 1. Staatsexamen in Köln, 2. Staatsexamen 1975 in Düsseldorf, danach zunächst Tätigkeit im höheren Dienst der Finanzverwaltung des Landes Nordrhein-Westfalen, seit 1981 Geschäftsführer des Landessportbundes Nordrhein-Westfalen e. V. und Rechtsanwalt am Landgericht Duisburg sowie Fachanwalt für Steuerrecht.

Ministerialdirigent *Karl Schmidt,* geb. 5. 3. 1932, Studium: Rechts- und Staatswissenschaften und Sport, erstes juristisches Staatsexamen 1959, zweites juristisches Staatsexamen 1964, seit 1979 Leiter der Abteilung Sport und Freizeit beim Minister des Innern und für Sport des Landes Rheinland-Pfalz in Mainz; in verschiedenen Sportarten aktiv, mehrere Jahre Fußball-Vertragsspieler, u. a. beim 1. FC Kaiserslautern, von 1955 – 1957 neun Berufungen in die Fußballnationalmannschaft, Mitglied verschiedener Ausschüsse des DFB, des LSB und des DSB, Präsident des Tennisverbandes Rheinland-Pfalz.

Dr. iur. *Peter J. Tettinger,* geb. am 1. 3. 1947 in Köln; Studium der Rechtswissenschaft an der Universität zu Köln, dort auch Promotion (1972) und Habilitation (1979); Lehrbefugnis für Öffentliches Recht, insbesondere Wirtschaftsverfassungs- und Wirtschaftsverwaltungsrecht; seit 1980 Inhaber eines Lehrstuhls für Öffentliches Recht an der Ruhr-Universität Bochum; Publikationen vorwiegend zum Wirtschaftsverfassungs- und Wirtschaftsverwaltungsrecht, Kommunalrecht, Hochschulrecht und Medienrecht.

Dr. jur. *Christoph Trzaskalik,* geb. 1943 in Oberschlesien; Studium der Rechtswissenschaften und der Orientalistik in Bonn, Oxford und Grenoble; Promotion und Habilitation in Würzburg; seit 1980 Inhaber des Lehrstuhls für Öffentliches Recht und Steuerrecht an der Johannes Gutenberg-Universität Mainz.

Handbuch der Justiz 1986

Die Träger und Organe der Rechtsprechenden Gewalt in der Bundesrepublik Deutschland

Herausgegeben vom Deutschen Richterbund. Bearbeitet unter Mitwirkung der Justizverwaltungen der Verfassungs- und Fachgerichte

Gesamtbearbeiter: Dr. Rudolf Ziegler
18. Jahrgang 1986. XII, 410 Seiten.
Gebunden. DIN A 5. DM 74,-
ISBN 3-7685-1186-3

Das im 18. Jahrgang erscheinende Nachschlagewerk gibt einen vollständigen Überblick über die Organisation aller Gerichtszweige und der Staatsanwaltschaften der Bundesrepublik Deutschland sowie über die Justizverwaltungen in Bund und Ländern.

Die Neuauflage informiert jetzt auch darüber, welchen Amtsgerichten die Landwirtschaftssachen übertragen sind.

Die Richter, Staatsanwälte und Beamten sind mit Nach- und Vornamen, Dienststellung und Dienstalter aufgeführt.

Weiterhin sind enthalten:
Die Telefonnummern aller Justizbehörden, Angaben über die Anzahl der jeweiligen Planstellen, aufgeschlüsselt nach Amts- und Funktionsbezeichnungen, Einwohnerzahlen des Landes oder Gerichtsbezirkes.

Zweck dieses stets aktuellen Handbuchs ist es, Aufbau und Besetzung der Gerichte und Staatsanwaltschaften transparent zu machen. So dient es in erster Linie den Justizverwaltungen, den in der Justiz Beschäftigten und mit ihr Befaßten.

Aber auch dem nicht unmittelbar mit der Justiz in Verbindung stehenden Personenkreis verdeutlicht dieses Handbuch zuverlässig und übersichtlich, daß hinter Ämtern und Dienstbezeichnungen, Titeln und Graden Menschen zu finden sind.

„ . . . Da das Werk nicht nur die Organisation von Gerichten, Staatsanwaltschaften und Justizverwaltungen in Bund und Ländern enthält, sondern auch und vor allem Namen, Dienstalter und Geburtsdatum aller Richter und Staatsanwälte, erfreut es sich großer Beliebtheit . . ."

Der Deutsche Rechtspfleger

R. v. Decker's Verlag, G. Schenck
Postfach 10 26 40 · 6900 Heidelberg 1 · Telefon 0 62 21/48 92 67